채용담당자가 공개하는

AI면접
AI역량검사
합격기술

시대에듀

#AI Interview

#Artifical Intelligence

#취업면접

#AI면접

AI INTERVIEW PASSING TECHNOLOGY

채용담당자가 공개하는 AI면접 & AI역량검사 합격기술

AI면접에 대한 올바른 접근

대부분 사람들의 인식 속에 '면접'은 두려운 것으로 자리 잡고 있다. 면접을 자신 있어 하는 구직자는 극소수이다. 이러한 생각을 갖고 있는 사람들은 "나는 면접에 약해."라고 말한다. 이는 절대적으로 잘못된 말이다. 면접을 잘 못 보는 것이 아니라 제대로 된 준비방법과 노하우를 알지 못하는 것뿐이다. AI면접도 마찬가지이다. AI면접 역시 여러 가지 면접전형 중 하나일 뿐이다. 낯선 유형과 익숙하지 않은 질문패턴에 당황하고 두려움을 갖는 것이다.

여러분들은 이 책을 접한 시점에 AI면접을 목전에 앞두고 있을 수도 있고, 미리 준비하고 있을 수도 있다. 이미 이 글을 읽고 있다면 절반은 준비한 셈이다. AI면접의 기본적인 구조에 대한 설명과 질문에 대한 BEST답변, 유형별 게임문제에 대한 공략법까지 제시하여 한 권으로 AI면접 준비를 완벽히 끝낼 수 있도록 구성하였다.

이제는 내가 대기업 인사팀 채용담당자로서 얻은 기술들, 채용담당자끼리의 정보교류를 통해 습득한 노하우들, 그리고 몇 번의 면접 실험과 시도를 통해 깨달은 정보들을 있는 그대로 전하고자 한다. 여러분들은 끝까지 책을 정독하고 그대로 연습하기만 하면 된다.

나는 국내 TOP 대기업에서 채용담당자로서 수많은 면접을 진행해 왔다. 면접과정을 진행하며 구직자들이 간과하는 면접에 가장 중요한 요소들을 파악하였고, 합격할 수밖에 없는 면접방법을 찾아내기 위해 분석하고 고민하는 데 많은 시간을 투자해 왔다. 이를 통해 면접에서 항상 승리할 수 있는 방법을 찾아냈다.

나는 이러한 방법을 활용하여 실제로 AI면접을 포함해 여러 면접에 임했고, 최종합격까지 계속해서 이루어 냈다. 대기업, 공공기관 등 산업과 분야를 막론하고 최종합격까지 달성해 왔고, 현재는 금융권 인사팀에 재직 중이다. 이렇게 여러 기업의 다양한 분야에 면접을 시도한 이유는 오로지 나의 이론을 실전에서 적용하여 검증하고 싶었기 때문이다.

'면접'이라는 관문은 변수가 정말 많기 때문에 실전에서 적용 가능한지에 대한 검증이 필수적이다. 합격률 100%를 달성할 수 있는 나의 검증된 방법이 AI면접이라는 관문에서 어려움을 겪고 있는 많은 분들에게 도움이 되었으면 한다.

나는 여러 취업준비생들이 면접에 합격할 수 있도록 코칭을 해 주고 있다. 실제로 내가 코칭해 주는 부분을 모두 자기 것으로 체득하는 학생들이 종종 있다. 결과는 항상 두 개 이상의 기업에 동시 최종합격이다. 이들이 원하는 기업에 골라 갈 수 있도록 만드는 것이 내 인생에 있어서 큰 목표이다. 이들이 취업에 있어 정말로 중요한 부분이 무엇인지 하나씩 알아가고, 발전해가는 모습을 보며 큰 보람을 느낀다. 이 책을 읽고 궁금한 부분이 생기면 언제든 블로그(https://blog.naver.com/jobcando)를 통해 문의해도 좋다. 아무쪼록 더 많은 취업준비생들이 이 책을 접하여 'AI면접의 고수'가 되기 바란다.

저자 **설민준**

CONTENTS [목차]

❷ 핵심 면접 질문 공략하기

CONTENTS [목차]

❸ 게임 유형별 공략하기

❹ 인성검사 모의연습

EPILOGUE

01

처음 뵙겠습니다!
AI면접입니다!

AI면접이란 무엇인가?

PART 1

AI면접이란 무엇인가?

01. AI 중심의 취업시장 변화

취업시장의 패러다임이 급속도로 변하고 있다. 수년간 지속되던 서류전형, 필기전형, 면접전형으로 이어지는 전통적인 채용프로세스에 변화가 생기기 시작한 것이다. 그리고 그 중심에 AI가 있다. 4차 산업혁명으로 대변되는 급변하는 기술트렌드가 채용프로세스에도 적용되기 시작한 것이다. 이제 AI가 지원자의 자기소개서를 평가하고, 면접을 보기도 하며 이를 통해 지원자에 대한 상당한 정보를 제공하고 있다.

취업준비생 입장에서 가장 큰 변화를 느낄 수 있는 부분은 '면접 전형'이다. AI면접을 채용프로세스에 도입하는 기업들이 급속도로 증가하고 있으며, 향후 5년 안에 모든 기업에서 AI면접을 활용하게 될 것이다.

그렇다면 기업에서는 왜 앞다투어 AI를 채용프로세스에 적용하고 있을까? 각종 채용비리 사건으로 논란이 잇달은 취업시장에서 '공정성'은 가장 중요한 키워드로 자리 잡았고, 이러한 사회적 인식의 변화에 따라 '블라인드 채용'을 이미 많은 기업들에서 시행하고 있다. 그 연장선상에서 인사팀에게 AI면접은 채용의 '공정성'과 '객관적 평가'를 홍보할 수 있는 가장 좋은 수단이다.

문제는 이러한 변화가 취업준비생 입장에서는 또 다른 부담으로 다가온다는 것이다. AI면접이 기존의 대면면접을 완벽히 대체한 것은 아니기 때문에 채용프로세스의 관문이 한 가지 더 추가된 것이나 마찬가지이기 때문이다. 꽁꽁 얼어붙은 취업시장에 경쟁은 갈수록 더 치열해지고, 취준생이 준비해야 할 부분은 나날이 늘어만 가고 있다.

다행히도 AI면접 준비과정은 기존의 면접 준비과정과 완전히 동떨어져 있지는 않다. 새로운 유형이 낯설고, 적응에 시간이 걸리는 것뿐이다. 물론, 아무런 정보 없이 바로 AI면접에 임하게 되면 백전백패하게 된다. 뒤에서 소개하는 콘텐츠들을 모두 본인 것으로 만들고, 실전에 임한다면 AI면접에 대한 두려움은 어느새 사라져 있을 것이다.

02. 기업 채용에서 AI의 활용

– 서류전형 속 AI 활용

AI 기반의 평가는 서류전형에서부터 시작된다. 가장 많은 기업에서 도입하고 있는 형태는 AI가 모든 지원자의 자기소개서를 1차적으로 스크리닝 한 후, 통과된 자기소개서를 사람이 다시 평가하는 식이다. 인사팀은 AI를 활용하여 빠른 시간 내에 방대한 양의 자기소개서를 객관적으로 평가할 수 있다.

지원자 입장에서 가장 주의해야 할 부분은 '표절'이다. 과거에는 잘 쓴 자기소개서를 튜닝하여 본인의 것으로 만들어 제출하여 합격하는 사례도 빈번했다. 하지만 타인의 자기소개서뿐만 아니라 논문, 문헌 등 온라인상의 정보와 자기소개서 콘텐츠가 30% 이상 일치하는 경우 AI가 이를 잡아내게 된다. 자기소개서는 본래 본인의 이야기를 진솔하게 써야 한다는 점을 고려하면, 지원자 입장에서 자기소개서 작성 전략이 과거와 크게 달라지지 않는다.

– 면접전형 속 AI 활용

대응전략 수립이 가장 필요한 부분은 '면접'이다. AI면접은 평가형태와 유형이 다양하다. 또한, 이전에 경험해 보지 못한 생소한 질문들을 받게 될 것이므로, 이후 소개하는 내용들을 통해 철저하게 대비해 나아가기 바란다.

AI면접을 보게 되는 케이스는 크게 두 가지로 나뉜다.

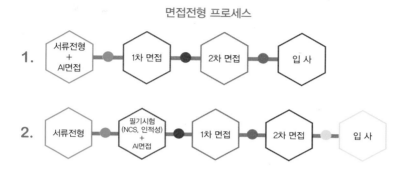

면접전형 프로세스

첫 번째는 서류지원을 한 모든 지원자들 100%가 AI면접을 보게되는 경우이다. 이때, 지원자의 이력서, 자기소개서 평가결과와 함께 AI면접 결과를 종합적으로 판단하여 합격 여부를 판단한다. 이경우에는 필기시험은 생략하고, 바로 1차 대면면접으로 넘어가는 경우가 많다.

두 번째는 서류전형 합격자만 AI면접 응시자격이 주어지는 경우이다. AI면접과 기존의 필기시험을 모두 보게 되고, 결과를 종합하여 합격 여부를 판단한다. 필기시험이 AI면접으로 아예 대체되는 경우도 있으나, 아직까지는 함께 시행하는 기업이 많으니 인적성 공부도 꾸준히 진행해야 한다.

AI면접의 자세한 프로세스는 이어서 설명하도록 한다.

03. AI면접의 구성

AI면접은 크게 5 STEP으로 이루어져 있다.

기본 필수질문, 탐색질문(인성검사), 상황 제시형 질문, 게임, 심층 구조화 질문(개인 맞춤형 질문)이 바로 그것이다. 구성이 복잡해 보이지만 크게 나누면 면접과 인적성을 한 번에 본다고 생각하면 이해하기 쉽다. 면접 질문 유형과 인적성 문제의 유형이 다양해진 것일 뿐이다. 그럼 단계별로 세부사항을 살펴보도록 하자.

기본 필수질문 → 탐색질문 (인성검사) → 상황 제시형 질문 → 게 임 → 심층 구조화 질문 (개인 맞춤형 질문)

0 STEP

[면접 환경 점검]

AI면접에 임하기에 앞서 면접에 집중할 수 있는 환경을 구성하는 것이 무엇보다 중요하다. 반드시 필요한 준비물로는 웹카메라와 헤드셋(또는 이어폰과 마이크)이 있어야 하고, 컴퓨터는 Window 7 이상의 운영체제에 최적화되어 있어야 하며, 크롬으로 접속해 응시해야 하므로 크롬 브라우저도 미리 준비하는 것이 좋다. 또한 면접 전 주변 환경을 정리정돈하고, 깔끔한 복장으로 면접에 임해야 한다.

> AI면접 기간 전에 미리 면접사이트에 들어가서 사전 테스트를 해 볼 수 있다. AI면접은 얼굴 인식과 음성 인식이 기반되어야 하므로, 이 과정이 확인되지 않는다면 면접을 시작조차 할 수 없다. 따라서 반드시 미리 확인해 보기를 권한다.

1 STEP

[기본 필수질문]

 준비시간 : 30초 / 답변시간 : 90초

모든 지원자가 공통으로 받게 되는 질문이다. 기본적으로 자기소개, 지원동기, 성격의 장단점으로 구성되어 있다. 이는 대면면접에서도 높은 확률로 받게 되는 질문들이기에 당연히 준비를 해야 한다. 같은 질문이라면 대면면접에서의 답변과 AI면접에서의 답변이 달라지지 않는 것이 정상이다.

2 STEP

[탐색질문(인성검사)]

160문항 / 제한시간 : 15분

인적성 시험의 인성검사와 정확하게 일치하는 유형이다. 정해진 시간 내에 본인의 가치관과 일치하는 정도를 빠르게 체크해야 하는 단계이다. 본 서적의 PART 4에 인성검사 실전연습을 수록해 두었으니 정해진 시간 내에 완료하는 연습을 해 보기 바란다.

3 STEP

[상황 제시형 질문]

준비시간 : 30초 / 답변시간 : 60초

'본인이 저녁을 사기로 했는데 지갑을 놓고 왔다면 어떻게 하겠는가?'와 같이 제시된 상황 속에서 어떻게 대응할지 답변하는 유형이다. 기존의 대면면접에서는 이러한 질문에 대해 본인이 어떻게 행동할지에 대한 '설명'에 초점이 맞춰져 있었다면, AI면접에서는 실제 '액팅'하며 상대방에게 이야기하듯 답변이 이루어져야 한다.

4 STEP

[게 임]

다양한 유형의 게임이 출제(실제 AI면접 시 약 5가지 유형 출제)되고, 정해진 시간 내에 해결해야 한다. 게임이라고는 하지만 인적성 시험의 새로운 유형들이라고 보면 된다. 이러한 이유에서 AI면접을 보는 경우, 인적성 시험 자체를 생략하는 기업도 증가하고 있다. AI면접이라고는 하지만 오히려 게임 문제풀이에 대한 비중이 상당하다.

5 STEP

[심층 구조화 질문(개인 맞춤형 질문)]

 준비시간 : 30초 / 답변시간 : 60초

2 STEP에서 진행한 인성검사 과정 중 본인이 선택한 항목들에 기반한 질문을 받게 된다. 그렇다고 해서 인성검사 시 개인 맞춤형 질문까지 고려하여 체크하는 것은 무의미하고 불가능하므로 인위적으로 접근하지는 말기를 바란다. 주로 가치관에 대해 묻는 질문이 많이 출제되는 편이다.

※ 제시된 준비시간과 답변시간, 문항 수는 기업별 AI면접에 따라 변경될 수 있으므로 참고하기 바란다.

04. AI면접 대비, 이렇게까지 하면 완벽하다!

혹자는 AI가 지원자의 언어와 음성분석을 진행하므로 특정 키워드를 활용해서 답변해야 하며, 긍정언어를 사용해야 한다고 이야기한다. 이를 시도해 본 지원자라면 느꼈겠지만 이러한 방식으로 본인을 튜닝하는 것은 실질적으로 불가능하며, AI면접에서는 작은 꼼수가 통하지도 않는다.

AI면접의 준비과정은 본질적으로 대면면접의 준비과정과 동일하다. 논리적인 답변을 구사하고, 목소리, 어조, 표정이 적절하게 표출되는 지원자는 대면면접에서도 합격 1순위일 수밖에 없다. 실제 주변 사례들을 보더라도 대면면접 합격률과 AI면접 합격률은 정비례한다.

그렇다면 AI면접을 어떻게 준비하는 것이 가장 효과적일까?

AI면접의 특징을 고려했을 때, 2가지 차원에서의 접근이 필요하다. 그것은 바로 '이미지'와 '답변방식'이다.

1. 이미지

AI면접은 동영상으로 녹화되는 만큼 면접 진행 시 면접자의 표정이나 자세, 태도 등에서 나오는 전체적인 이미지가 상당히 중요하다. 좋은 이미지 형성을 위해 미리 준비해 두지 않는다면 어색하고 굳어 있는 표정과 구부정한 자세로 앉아 불안한 눈빛을 보내고 있는 자신을 마주하게 될 것이다.

또한 AI면접 유형 중 하나인 '상황 제시형 질문'에서는 실제로 대화를 하는 듯한 형식의 답변을 필요로 하기 때문에 이에 맞는 적절한 표정이나 제스처의 중요성은 더더욱 커진다. AI면접에서는 카메라가 얼굴의 근육 포인트 68개를 포착하여 표정에 따른 혈류량과 맥박을 분석하고, 눈 깜빡임이나 눈동자의 움직임, 목소리의 고저, 떨림, 크기 등을 종합적으로 파악한다고 알려져 있다.

신뢰감 있고 정직해 보이는 인상을 주기 위해 자연스럽고 부드러운 표정과 정확한 발음은 기본이자 필수요소이다. AI면접을 대비하기 위해 기본이 되는 시선 처리, 입 모양, 발성 & 발음 등에 대해 간략히 살펴보도록 하자.

− 시선 처리

눈동자가 위나 아래로 향하는 것은 피해야 한다. 우리는 무언가를 고민할 때 무의식적으로 천장을 바라보거나 바닥으로 시선이 향하고는 한다. 대면면접의 경우 아이컨택(eye contact)이 가능하기 때문에 대화의 흐름상 눈동자가 자연스레 움직이는 것은 어느 정도 용인이 된다. 그러나 AI면접에서는 카메라를 보고 말을 하기 때문에 카메라 대신 자꾸 다른 곳을 응시하거나 이리저리 시선이 분산되는 경우에는 불안감으로 눈빛이 흔들린다고 평가될 수 있다.

또한, 곁눈질을 하는 것도 금물이다. 눈동자가 정면을 향하고 있지 않을 경우, 모니터 측면에 원고를 붙여놓고 커닝하는 것처럼 보일 수 있기 때문이다. 카메라 렌즈 혹은 모니터를 바라보면서 대화를 하듯이 면접을 진행하는 것이 가장 좋다. 시선 처리는 본인 스스로는 인지하기 어려운 부분이기 때문에 연습을 진행할 때 반드시 동영상 촬영을 하여 확인하기 바란다.

– 입 모양

입 모양은 대화 시 가장 눈에 들어오는 부분 중 한 곳이다. 입꼬리만 잘 살펴보아도 상대방의 기분이 좋은지, 나쁜지, 우울한지, 슬픈지 등의 파악이 가능해진다. 좋은 인상을 주기 위해서는 입꼬리가 올라가도록 미소를 짓는 것이 좋으며, 이때 입꼬리는 양쪽 꼬리가 동일하게 올라가야 한다. 한쪽 입꼬리만 올라가면 억지로 웃거나 비웃는 듯한 인상을 줄 수 있기 때문이다.

또한 입만 움직이는 것은 거짓된 웃음으로 보일 수 있다. 눈과 함께 미소를 지을 때에야 상대방이 기분 좋은 웃음으로 느끼게 된다. 그러므로 입과 함께 눈도 같이 웃는 연습을 해야 한다. 갑자기 웃으라고 하면 자연스럽게 웃을 수 있는 사람은 아무도 없다. 재미있는 사진이나 동영상, 아니면 최근 재미있었던 일 등을 떠올리면서 자연스럽게 미소를 지어보고, 그 모습을 기억하며 연습하는 것이 도움이 된다.

사실, 말을 하며 자연스럽게 미소를 짓는 것은 쉽지 않다. 절대로 면접 당일에 노력한다고 할 수 있는 부분이 아니며, 더욱이 화면에 비친 자신의 얼굴을 보며 자연스러운 미소를 짓기란 더

더욱 어렵다. 그러기에 미소 지으며 말하는 연습을 미리 해 두라고 말하고 싶다. 하루에 3분이라도 거울을 보고 미소 지으며 말하는 연습을 해라. 처음에는 생각보다 쉽지 않을 것이지만, 하루에 3분씩이라도 노력한다면 그 시간이 쌓여 조금씩 자연스러운 미소가 만들어 진다.

- 발성 & 발음

말할 때 말을 더듬는다거나 '음…', '아…'하는 소리를 내는 것은 마이너스 요인이 될 수 있다. 질문마다 답변을 생각할 시간을 함께 주지만 의견을 체계적으로 정리하지 못한 채 답변을 시작할 때 발생할 수 있는 상황이다.

생각할 시간을 별도로 부여한다는 것은 답변에 대한 기대치가 올라간다는 것을 의미한다. 주어진 시간 동안 빠르게 답변구조를 잡는 연습을 진행해야 한다. 본 저서를 통해 방법을 제시해 두었으니 충분히 연습한 후, 면접에 임하기 바란다.

또한 평소 말투에서도 말끝을 흐리거나, 조사를 흐리는 습관을 가지고 있으나 자각하지 못하고 있는 경우가 있을 수 있다. 그러므로 미리 자신의 말투와 답변방식을 녹음하여 체크하는 것이 큰 도움이 된다. 녹음 및 촬영을 통해 부족한 부분을 인지하고, 개선하는 작업을 반복해서 진행한다면 눈에 띄는 개선효과가 있을 것이다. 따라서 반드시 명료하고 체계적으로 답변을 구사할 수 있도록 연습한다.

앞서 말한 내용은 비단 AI면접에서만 적용되는 것이 아니다. 대면 면접에서도 위와 같은 부분은 면접 시 지원자의 이미지를 만드는 중요한 포인트가 된다. 그러므로 AI면접뿐 아니라 이후에 있을 수 있는 다른 면접을 위해서라도 반드시 연습해 두도록 하자.

2. 답변방식

AI면접 후기를 보게 되면 대부분 비슷한 유형의 질문패턴이 진행되는 것을 알 수 있다. 물론, 인성검사 및 답변을 바탕으로 개인별로 다른 질문이 주어지긴 하지만 어느 정도 정형화된 질문은 대면면접과 다르지 않다. 따라서 대면면접 준비방식과 동일하게 질문 리스트를 만들고 연습하는 과정이 필요하다. 차이점이 있다면 AI면접은 질문이 광범위하기 때문에 출제 유형 위주의 학습이 이루어져야 한다는 것이다.

이를 단계별로 나누어 보면 3단계로 나누어 볼 수 있다. 다음의 제시하는 답변방식을 보고 실제로 활용할 수 있도록 하자.

• 1단계 : 유형별 답변방식을 습득해라!

– 기본 필수질문

100%의 확률로 받게 될 질문이므로 본인만의 답변이 확실하게 구성되어 있어야 한다. 뒷장에서 제시하는 예시와 가이드를 활용하여 문항별로 본인의 답변을 준비하기 바란다.

- 상황 제시형 질문

AI면접에서 주어지는 상황은 크게 8가지 유형으로 분류된다. 유형별로 효과적인 답변 구성 방식을 제시해 두었으니, 이를 모두 본인의 것으로 만들기 바란다.

- 심층 구조화 질문(개인 맞춤형 질문)

가치관에 따라 선택을 해야 하는 질문이 대다수를 이룬다. 이 책에 수록된 예시를 통해 유형을 익히고, 이후 소개될 3가지 답변기법을 활용하기 바란다.

• 2단계 : 소리 내어 답변하는 연습을 해라!

유형별 답변 구조를 습득했다면, 책에 제시된 BEST 답변 사례와 답변 TIP을 보기 전에 질문만 먼저 보고 답변을 해 보는 연습을 해야 한다. 같은 유형이더라도 세부 소재는 그때그때 달라진다. 새로운 상황이 주어졌을 때, 유형을 먼저 캐치하고, 빠르게 답변의 구조를 잡기 위한 반복연습이 필수이다.

• 3단계 : 면접에 연기를 더하라!

면접은 연기가 반이라고 해도 과언이 아니다. 가식적이고 거짓된 모습을 보이라는 것이 아니다. 상황에 맞는 적절한 행동과 답변의 임팩트를 극대화시킬 수 있는 연기를 하라는 것이다.

면접이 무난하게 흘러가면 무난하게 떨어진다. 특출난 자가 합격한다. 때문에 하나의 답변을 하더라도 임팩트 있게 해야 한다. 이러한 임팩트를 더해 주는 것이 '연기'이다.

Q. 이번 면접결과가 좋지 못하면 어떻게 하실 건가요?

이러한 질문에 미소를 띠고 있으면 당연히 이상하다고 느껴지지 않겠는가? 조금 굳어진 표정으로 아쉬운 점에 대해 이야기한 후, 비장한 표정으로 변화를 주면 된다.

Answer

저는 제가 잘할 수 있는 분야를 찾고자 매일 같이 고민의 시간을 가졌습니다. 그 결론으로 오늘 이곳에 와있습니다. J회사에서 제가 소망하던 업무를 수행하기를 간절히 바래 왔기에 아쉬움이 쉽게 가시지 않을 것 같습니다. (굳은 표정)

하지만 결코 주저앉아 있지만은 않겠습니다. 저를 돌아보고, 부족한 부분은 보완해서 반드시 다시 이 자리에 서겠습니다. (비장한 표정)

이렇듯 답변 내용에 따른 표정변화가 필요하다. 따라 하기 쉬운 내용이 절대 아니다. 대부분의 지원자들은 질문에 부합하는 답변을 생각해 내기조차 벅차하기 때문이다. 1단계와 2단계 과정을 온전히 본인 것으로 만든 후에 가능한 일이다. 답변에 연기를 더하는 경지에 이르게 되면 비로소 면접 준비가 완벽히 되었다고 말할 수 있다. 그러면 면접 합격은 저절로 따라오게 된다.

05. AI면접에 대한 궁금증 (Q&A)

Q 채용프로세스에서 AI면접의 비중은 어느 정도인가요?

A 기업별로 AI면접을 적용하는 형태는 상이하다. AI면접이 타 전형과 묶여서 동시에 진행되는 경우에는 참고자료서의 기능이 크다. 서류지원자 전원을 대상으로 AI면접을 진행하거나 인적성 시험과 함께 AI면접을 진행하는 경우가 그러하다.

하지만 AI면접이 인적성 시험이나 1차 면접을 대체하여 독립된 별도의 전형으로 진행되는 경우, 그 비중은 매우 크다고 할 수 있다. 그리고 이러한 형태로 AI면접을 도입하는 기업이 점차 증가하고 있다. AI면접을 미리 대비해 두지 않는다면 소중하게 잡은 기회를 날려버리는 것이 될 것이다.

Q 복장은 어떻게 하나요? 정장을 꼭 입어야 하나요?

A 복장은 지원자들이 가장 궁금해하는 부분 중 하나이다. AI면접 시스템 자체가 여러분들의 복장까지 평가하지 않는다. 면접 시작 시점에 안면인식만 제대로 완료되면 그걸로 끝이다.

하지만 저자는 정장까지는 아니더라도 셔츠나 블라우스 정도를 착용한 단정한 옷차림을 권유한다. 그 이유는 추후에 인사팀에서 특정 지원자에 대해 심도 있는 검토가 필요하거나 이슈가 있을 때, 녹화파일을 보는 경우가 있기 때문이다. 물론, 인사팀에서 모든 지원자의 녹화파일을 보지는 않으며, 물리적·시간적으로 볼 여력도 없다. 최종면접까지 올라갔을 때의 적은 가능성이라도 염두해 두고 면접에 임하기 바란다.

Q 머리스타일은 어떻게 해야 하나요? 안경은 써도 되나요?

A 여성 지원자라면 머리를 묶어야 할지 풀어야 할지, 남성 지원자라면 앞머리는 올려야 할지 내려야 할지가 고민일 것이다. 이는 복장에 대한 내용과 같은 맥락으로 생각하면 된다. 면접 시작 시점에 안면인식만 제대로 완료되면 되기에 머리스타일이 문제가 되지 않는다. 안경 착용 여부도 마찬가지이다. 간혹 안면인식이 잘 안 되는 경우가 있는데, 이때는 얼굴을 최대한 드러내는 방향으로 조치를 취하기 바란다.

Q 시선 처리는 어떻게 해야 하나요?

A 일반적으로 카메라를 보는 것을 추천하나 시선이 자연스럽게 화면으로 가게 될 것이다. 이 부분을 과도하게 신경 쓰면 답변 콘텐츠나 표정에서 문제가 발생하니 편하게 임하기 바란다. 화면만 응시하며 답변하고도 합격한 지원자들이 많다. 게임 문제를 풀 때 역시 당연히 화면을 보며 문제를 읽고 답을 체크해야 한다.

Q AI면접은 어디서 보는 것이 좋을까요?

A AI면접은 길게는 90분까지도 소요되므로 장시간 동안 집중할 수 있고, 주변의 방해를 받지 않을 수 있는 곳에서 보는 것이 좋다. 주로 본인의 방이나 그것이 여의치 않으면 스터디 룸에서 면접을 진행하는 지원자들이 많은데, 면접 전 반드시 주변 정리를 하고 시작하기 바란다. 실제로 어떤 지원자의 경우, 면접을

진행하는 도중 어머니가 방문을 열고 들어오는 것이 녹화되기도 하였고, 또 다른 지원자의 경우, 반려견이 짖는 소리가 녹음되기도 하였다. 완벽하게 자신에게 집중할 수 있는 공간이 있다면 제일 좋지만, 그렇지 못하다면 최소한의 주변 정리를 하고 면접을 시작하자. 또한, 이와 더불어 인터넷 환경도 꼭 체크해야 한다. 면접 도중 와이파이 신호가 약하거나 중간에 끊김이 발생하는 곳은 피하기 바란다.

Q 답변 길이는 어느 정도가 적절한가요?

A AI면접에서 출제되는 문항에서는 통상 30초의 생각할 시간과 60~90초의 답변시간을 부여한다. 최대 답변시간은 60~90초이나 20초가 넘어가면 '답변 마치기' 버튼이 생성된다. 필수질문은 40초가량, 나머지 질문은 30초가량 답변하기를 추천한다. 그 이상으로 길어지면 답변이 장황해지고, 추상적으로 변질되기 쉽다.

Q 대본을 옆에 두고 조금씩 봐도 될까요?

A AI면접에 임하는 자세는 대면면접과 동일해야 한다. AI가 눈동자의 움직임까지 트래킹 하므로 대면면접보다 비언어적 요소가 더 중요해진다. 따라서 대본을 옆에 두는 것보단, 작성한 대본을 자연스럽게 답변할 수 있도록 연습하는 것을 추천한다. AI면접과 대면면접이 별개의 것이라고 생각하지 않기를 바란다.

Q 이어폰에 있는 마이크를 사용해도 되나요?

A 헤드셋을 착용하는 것이 가장 좋겠지만, 이어폰 마이크를 사용하는 것이 노트북의 내장마이크를 활용하는 것보다는 더 효과적이다. 면접 시작에 앞서 마이크 인식 여부를 테스트하는 단계가 있지만, 사전에 제대로 작동하는지 여부를 확인하고 면접에 임하기 바란다.

Q AI면접을 볼 때 주의할 사항이 있나요?

A AI면접은 독립된 공간 안에서 홀로 컴퓨터 한 대만 앞에 두고 장시간 진행된다. 시간이 지날수록 심리적으로 편해지는 것은 자연스러운 현상이다. 중요한 것은 매 순간 여러분들의 음성과 태도가 녹음·녹화되고 있다는 사실을 인지하고 있는 것이다. 게임의 문제풀이가 어렵게 느껴지는 상황에서 자기도 모르게 욕을 내뱉거나 인상을 찌푸린 채로 답변하는 지원자도 있다. 모든 순간이 면접의 일부라는 점을 잊지 말기 바란다.

AI면접의 시작, 나를 증명하라!

02

핵심 면접 질문 공략하기

핵심 면접 질문 공략하기

01. 기본 필수질문

준비시간 : 30초 / 답변시간 : 90초

모든 지원자가 공통으로 받게 되는 질문이다. 기본적으로 자기소개, 지원동기, 성격의 장단점으로 구성되어 있다. 이는 항상 대면면접에서도 높은 확률로 받게 되는 질문들이기에 당연히 준비를 해 두어야 한다. 필수질문은 40초가량 답변하기 바란다. 같은 질문이라면 대면면접에서의 답변과 AI면접에서의 답변이 달라지지 않는 것이 정상이다.

콘텐츠 브리핑(Content Briefing)

채용담당자의 답변 **TIP**

질문에 대한 설명을 제시하고, 질문을 통해 판단하고자 하는 바와 채용담당자로서의 답변 TIP을 알려준다.

Worst

질문에 대한 잘못된 사례를 제시함으로써 지양해야 할 부분을 알려준다.

☆ BEST ☆

TIP에서 알려준 내용을 바탕으로, 질문에 대한 적절한 사례를 제시하며 지원자의 답변방안에 도움을 준다.

이것만은 꼭!

질문에 대답할 때 꼭 놓쳐서는 안 될 핵심포인트를 알려준다.

연계질문

제시된 질문과 연계되어 나올 수 있는 질문을 수록하여, AI면접 이후 대면면접 등에서 물어볼 수 있는 질문과 그 답변을 생각해 보게 한다.

Q. 자기소개를 해 보시오.

채용담당자의 답변 TIP

자기소개는 AI면접이든 대면면접이든 필수적으로 받게 되는 질문이다. 면접 형태는 다르더라도 콘텐츠는 동일하게 진행하면 된다. 지원자의 긴장을 완화시키고 입을 풀게 하는 의미도 있다. 40초가량 답변하는 것을 추천한다. 시간이 그 이상으로 넘어가면 답변이 늘어진다. 장황한 나열식 설명보다는 자신의 직무적합성을 표현할 수 있는 강점을 임팩트 있게 전달하자.

Worst

안녕하십니까? 지원자 OOO입니다.

저는 2남 중 장남으로 몸에 베인 리더십을 갖고 있습니다. 또한 군복무 시절 분대장을 역임하며 이러한 리더십을 키워왔습니다.

대학 시절 저의 별명은 축구의 미드필더였습니다. 공격과 수비 사이에서 경기 전체를 조율하는 미드필더처럼, 저는 선후배 간 그리고 친구 사이에서 의견을 조율하는 미드필더 역할을 잘 하였기 때문입니다. 입사 후에도 선후배 사이에서 갈등 해결의 중재자 역할을 수행하겠습니다. 감사합니다.

안녕하십니까? 지원자 OOO입니다.

제가 영업 직무를 수행하기 위해 노력해 온 3가지를 말씀드리겠습니다.

첫째, 마케팅 지식입니다. 경제학을 전공했지만 마케팅 과목을 다수 수강하며 기업의 매출 포인트와 전략을 배울 수 있었습니다.

둘째, 판매경험입니다. 영업을 수행하기 위해서는 실제경험이 꼭 필요하다고 느껴서, 백화점 매장에서 구두를 판매해 본 경험도 갖고 있습니다.

마지막은 끈기입니다. 저의 취미는 마라톤입니다. 처음에는 10km도 뛰기 힘들었지만 연습의 과정을 거쳐서 지금은 풀코스까지 완주할 수 있습니다. 이러한 끈기와 지속력만큼은 그 누구보다 자신 있습니다.

저는 이러한 경험을 바탕으로 업무도 성공적으로 수행할 준비가 되어 있습니다. 감사합니다.

 이것만은 꼭!

– "저는 솜사탕입니다."와 같은 비유적 소개는 지양하라.

– 추상적인 표현은 지양하고, 구체적인 경험을 제시하라.

– 자기소개는 3가지 역량을 어필하되 직무경험 2가지와 인성경험 1가지로 구성하라.

🔗 **연계질문**

– 제시한 각 경험에 대한 구체적 질문

Q. 지원동기가 무엇인가?

이 또한 AI면접이나 대면면접에서 필수적으로 받게 될 질문이다. 사실 지원한 이유라는 것이 있을 리가 없다. 물론 특별한 이유가 있는 몇몇 지원자들도 있겠지만, 대다수의 지원자들의 지원동기는 없으며, 없는 것이 일반적이다. 인사팀에서도 취업준비생들이 수십 수백 개의 회사에 지원하고 있는 것을 알고 있다. 그럼에도 불구하고 지원동기는 AI면접은 물론 대면면접에서도 단골질문 중 하나이다. 그 이유가 무엇일까? 질문이 내포하고 있는 진짜 의도를 파악해야 한다. 그 의도는 '당신은 우리 회사에서 지원한 직무를 잘 수행할 수 있나요?'이다. 이제는 어떤 식으로 답변을 구성해야 할지 감이 올 것이다.

Worst

P회사의 비전은 글로벌과 미래지향입니다. 이러한 가치가 제가 지향하는 부분과 일치하다고 생각합니다. 또한, 저는 P회사의 인재상 중 하나인 열정을 겸비한 인재입니다. 대학 시절 동기들과 선후배들 사이에서 에너자이저라고 불릴 만큼 어떤 직책이든 열정을 갖고 수행해왔습니다. 입사후에도 어떠한 업무가 주어지든 저의 별명처럼 열정을 갖고 임하여 P회사의 글로벌과 미래지향을 위해 힘쓰겠습니다.

저는 K회사 인사직무가 저의 경험을 가장 잘 활용할 수 있고, 동시에 저를 가장 많이 성장하게 할 분야라고 판단했습니다. 저는 경영학을 전공하며 인사 관련 과목을 심도 있게 공부했고, 노동법에도 관심을 가졌습니다. 또한 C회사에서 인턴 업무를 수행하며 인력운영 및 조직관리에 대한 실무적 경험도 갖추었습니다. 저의 경험들을 기반으로 제가 좋아하고 잘하는 것에 도전해서 인사 전문가로 성장해 나가겠습니다.

 이것만은 꼭!

– 지원동기는 '당신은 우리 회사에서 지원한 직무를 잘 수행할 수 있나요?'와 같은 질문이다.
– 당신이 직무에 그 누구보다 적합하기에 지원했다는 논리로 접근하라.
– 회사의 비전과 인재상을 자신과 결부시키는 방법은 멈추어라.

연계질문

– 지원한 직무에 자신이 적합한 이유로 제시한 경험에 대한 구체적 내용 질문

Q. 본인의 장단점을 이야기해 보시오.

장점보다는 단점을 답변하기 더 곤란할 것이다. 단점을 이야기하면 평가에서 마이너스 요소가 되지 않을까 하는 우려 때문이다. 이러한 이유로 실제 면접에서는 오히려 단점으로 포장한 장점을 이야기하는 경우가 있다. 그렇지만 단점에 대한 답변은 진솔하게 이야기해야 한다.

단점 그 자체가 중요한 것이 아니다. 자신의 단점을 인지하고 있고, 이를 극복하기 위해 어떤 노력을 했으며, 어떻게 보완해 나갈 것인지 여부가 더 중요한 포인트이다.

Worst

1. 꼼꼼하지 못한 성격으로 인해 메모하는 습관을 들였습니다.
   - 지원자 80% 이상이 하는 답변이다. 다른 지원자들과 동일한 답변을 하게 되면 차별화될 수 없으며, 그게 실제 사실이라고 해도 진정성을 인정받지 못할 수 있다.
2. 한번 일을 시작하면 너무 몰입해서 주위에서 불러도 듣지 못하는 경우가 있습니다.
   - 단점으로 잘 포장한 장점이다. '진짜 단점을 숨기고, 자신을 포장한다.'라는 평가를 받을 수 있다.
3. 해외영업 직무를 지원했지만, 외국어 능력이 부족합니다.
   - 본인의 여러 가지 단점을 리스트 업 해 본 후, 해당 직무에 치명적인 단점은 제외하라. 직무에 꼭 필요한 역량을 단점으로 규정짓는 어리석은 행동은 하지 않길 바란다.

저의 가장 큰 장점은 도전정신입니다. 대학 시절, 부모님이 운영하시는 브런치 카페를 주도적으로 운영하며, 고객 연령과 성별에 따른 메뉴 선호도 분석부터 이벤트 개최, 디자인 개선 등 다양한 노력을 시도했습니다. 시행착오도 많았지만 매출 50% 이상 상승이라는 결과도 얻을 수 있었습니다. 무지한 분야에서 살아남기 위한 도전의 과정들이 저에게는 값진 경험입니다.

반면, 대중 앞에서 불필요하게 긴장을 많이 하는 단점이 있었습니다. 실제로 대학 시절 연극동아리에서 활동하였는데 공연 도중 너무 긴장한 나머지 대사를 잊어서 공연을 망치다시피 한 적도 있습니다. 이를 극복하기 위해, 발표를 하는 기회가 있을 때마다 지원하여 발표를 도맡아 하였습니다. 입사 후에도 스스로를 변화시키려는 노력을 게을리하지 않겠습니다.

 이것만은 꼭!
- 장점과 단점을 각각 답변해야 하므로 타 질문들보다 길게 이야기 하는 것이 적절하다.
- 단점을 극복하기 위한 노력을 이야기하라.
- 최악은 자신의 단점을 감추기 위해 포장하는 것이다.

연계질문
- 장단점으로 각각 제시한 경험들에 대한 구체적인 질문

PART 2

핵심 면접 질문 공략하기

02. 상황 제시형 질문

준비시간 : 30초 / 답변시간 : 60초

AI면접에서 주어지는 상황은 다음과 같이 크게 8가지 유형으로 구분된다.

유형별로 활용 시 논리성을 올려주는 답변 툴을 제시해 두었으니 이를 모두 본인의 것으로 습득하기 바란다. 상황 제시형 질문은 30초가량 답변하는 것을 추천한다. 또한, 반드시 질문만 먼저 보고 스스로 답변해 보는 연습을 한 후, 'BEST 사례'와 '채용담당자의 답변 TIP'을 통해 학습하는 과정을 거치길 바란다.

8가지 유형 소개, 유형별 답변 Tool

유형 1 개인일정 vs 회사업무

➡ 양해+이유(상황가정)+대안

유형 2 사내 의견 불일치

➡ 상황가정(긍정요소+부정요소)+대안

유형 3 부정 · 내규위반

➡ 놀람 표현+주장(근거사례)+염려

유형 4 완곡한 거절

➡ 라포 형성+거절의 이유+최소한의 성의 표시

유형 5 주변인 설득

➡ 공감+의견 주장+근거

유형 6 곤란한 상황

➡ 죄송함 표현+상황설명+대안

유형 7 권리 주장

➡ 소프팅 언어(상대 입장)+주장+소프팅 언어(나의 입장)

유형 8 상대방에 대한 배려

➡ 감사 표현+사실, 감정, 느낀 점+감사 표현

Q. 몇 달 전부터 잡아둔 개인적으로 중요한 약속이 있다. 그런데 퇴근 10분 전 팀장님이 갑자기 야근을 하자고 한다. 팀장님에게 어떻게 이야기하겠는가? 실제 대화 한다고 생각하고 말해 보시오.

채용담당자의 답변　**TIP**

실제 현업에서 야근 관련 문제는 일과 삶의 경계를 모호하게 만드는 대표적인 요인이다. 근로시간 단축이라는 정책 아래 기업들은 야근을 최소화하고자 노력하고 있지만, 제시된 상황은 아직까지도 현업에서 빈번하게 발생하는 실제케이스이다. 이러한 이유에서 야근 관련 이슈는 대면면접에서도 출제 빈도가 높은 질문이다. 대면면접에서 '야근에 대해 어떻게 생각하세요?'와 같은 질문을 통해 지원자의 가치관을 파악하고자 한다면, AI면접에서는 상황 속에서 지원자의 대응방식을 지켜보고자 한다.

이러한 상황에서의 답변은 [양해+이유(상황가정)+대안] 패턴을 활용하기 바란다. 죄송스러운 마음을 표시하며 양해를 구한 후, 상황을 가정하여 이유를 설명해라. 여기에 대안을 제시하며 마무리하면 완성도 있는 답변구성이 가능하다.

Worst

다음의 2가지 경우는 피하는 것이 좋다.
1. 대안이 결여되고, 사유에 대한 구체성이 부족한 답변
2. 무조건적으로 야근을 하겠다는 답변

☆ BEST ☆

팀장님, 정말 죄송합니다만 오늘은 개인적으로 중요한 일정이 있어 야근이 어려울 것 같습니다. 여자친구 부모님을 처음으로 직접 뵙고 인사드리기로 한 날이라 7시까지 예약한 식당으로 가봐야 합니다. 오래 전부터 확정해 둔 일정이라 지금 당장 미루는 것은 어른들에게도 예의가 아닐 것 같습니다. 팀원들과 팀장님께 정말 죄송스럽지만 남아있는 제 업무는 내일 일찍 와서 마무리하여, 출근하시면 바로 보고드려도 괜찮을까요?

 이것만은 꼭!

– 일과 삶이 대립되는 이슈에 대한 대표적인 질문이다.

– [양해+이유(상황가정)+대안] 답변방식을 활용하라.

🔗 **연계질문**

– 중요한 일정이 있는데 팀 전체가 야근을 해야 하는 상황이라면 어떻게 할 것인가?

유형 1　　**개인일정 vs 회사업무**

> **Q.** 같은 팀 대리님이 이번 주 토요일에 당직근무를 설 예
> 정이다. 그런데 갑자기 집안에 일이 생겼다며 당신에
> 게 당직근무를 대신 서주기를 부탁한다. 토요일에 중
> 요한 일정이 있는 상황에서 대리님에게 어떻게 이야
> 기하겠는가? 실제 대화한다고 생각하고 말해 보시오.

채용담당자의 답변　**TIP**

앞서 제시한 갑작스럽게 야근을 해야 하는 상황과 동일한 관점의 질문이다. 야근
이 당직으로 치환되었을 뿐이다. 개인사와 회사업무가 대립되는 경우에는 마찬가
지로 [양해+이유(상황가정)+대안] 패턴을 활용하는 것이 좋다.

조금 더 수준 높은 답변을 원한다면 이 틀을 중심으로 답변내용에 살을 붙이는
것이 가능하다. 예를 들어 "대리님, 집안일로 걱정이 많으시겠어요."와 같이 먼저
상대방의 입장에 대해 공감하는 언어를 구사하고, 양해를 구하는 순서로 넘어간
다면 답변의 퀄리티가 한층 올라갈 것이다. 이후 상황을 가정하여 당직을 설 수
없는 이유를 제시하고, 대안까지 제공한다면 효과적인 답변이 가능하다.

Worst

다음의 2가지 경우는 피하는 것이 좋다.
1. '양해'에만 초점을 맞춰 죄송하다는 말만 반복하는 답변
2. 개인적 일정을 뒤로 미루고 당직을 서겠다는 답변

아! 대리님, 그러시군요! 집안일로 걱정이 많으시겠어요. 하필 그때 당직이셔서…. 그런데 어쩌죠? 제가 그날은 가족행사가 있어서 전주에 가야 하거든요. 평소 같았으면 당연히 제가 당직을 대신 서 드릴 수 있지만, 이번 주에는 어려울 것 같아요. 대신에 제가 당직이 가능한 사람이 있는지, 저희 팀 사람들에게 한번 확인해 보겠습니다. 확인해 보고 좋은 소식 있으면 연락드릴 테니 기다려 주세요.

 이것만은 꼭!

– 일과 삶이 대립되는 대표적 문제인 '야근 이슈'와 동일한 상황이다.

– [양해+이유(상황가정)+대안] 답변방식을 활용하라.

🔗 **연계질문**

– 야근에 대해 어떻게 생각하는가?

Q. 팀장님이 당신에게 다음 달에 개최할 사내행사를 기획해 보라고 지시하였다. 그런데 팀장님이 생각하는 행사의 방향과 컨셉이 당신의 생각과 일치하지 않음을 느꼈다. 이러한 상황에서 팀장님에게 어떻게 이야기하겠는가? 실제 대화한다고 생각하고 말해 보시오.

채용담당자의 답변 　**TIP**

실무자라면 상사와 관점이 다르더라도 본인의 의견을 분명히 제시할 수 있어야 한다. 중요한 것은 말하는 방식이다. 단도직입적으로 본론만 이야기하는 방식은 시간은 절약할 수 있겠으나 자칫 상대방의 감정을 해칠 수 있다. 더욱이 상대방이 팀장, 상사라는 것을 감안하면 답변의 핵심은 '정중함'이 될 수밖에 없다.

대다수의 질문에서 상황이 구체적으로 제시되지 않으므로 '상황가정'을 통해 답변을 풀어나가야 한다. 상황을 가정하여 상사의 의견 중에 긍정적인 요소를 언급한 후, 그럼에도 불구하고 추진이 어려운 부정적인 요소를 곁들여야 한다. 이 단계가 선행된 후, 나의 주장이 따라 나와야 부드러운 말하기가 가능해진다. 의견만 주장하는 것은 공허한 메아리나 다름없다. 반드시 본인이 생각하는 대안이 제시되면서 마무리되어야 한다.

Worst

다음의 2가지 경우는 피하는 것이 좋다.
- 청자의 감정을 상하게 할 요소가 들어간 무례한 답변
- 구체적인 대안 없이 이상적인 주장만 나열하는 답변

팀장님! 잠깐 시간되시나요? 어제 의견주신 행사 관련하여 말씀을 드리려고 합니다. 팀장님께서 말씀하셨듯이 조별로 나누어 산행을 하는 것이 낯선 직원들끼리 서로 알아가게 될 계기를 만드는 데 큰 도움이 될 것 같습니다. 그래서 제가 직원들 대상으로 사전에 의견을 들어봤는데요. 문제는 허리와 다리가 안 좋아 등산이 어려운 직원들이 생각보다 많았습니다. 더군다나 다음 달 행사일이 바로 장마시즌과 겹쳐 당일 아침에 비가 오면 자칫 행사 자체를 취소해야 할 수도 있을 것 같습니다. 제가 타사의 사례도 알아봤는데 문화행사의 취지에 맞게 실내 볼링장에서 행사를 진행하는 것은 어떻게 생각하시는지요?

 이것만은 꼭!

   – 본인의 생각을 분명히 제시할 수 있는 능력은 실무자에게 꼭 필요한 역량이다.

   – 상사와 다른 의견을 개진하는 경우, '정중함'이 생명이다.

   – [상황가정(긍정요소+부정요소)+대안] 답변방식을 활용해라.

🔗 **연계질문**

   – 팀 동료와 의견이 일치하지 않는다면 어떻게 하겠는가?

유형 2   사내 의견 불일치

Q. 팀장님이 보고서 작성을 3일 안에 끝내라고 지시하였다. 대표님에게 조속히 보고해야 하는 건이라며 재촉을 하시지만, 현실적으로 3일 안에 끝내기가 어렵다고 판단된다. 이러한 상황에서 팀장님에게 어떻게 이야기하겠는가? 실제 대화한다고 생각하고 말해 보시오.

채용담당자의 답변   **TIP**

실제 현업에서 종종 발생하는 상황이다. 맺고 끊음을 확실히 하지 못하면 업무에 과부하가 걸리게 되고, 이도 저도 완벽하게 처리하지 못하는 상황에 봉착하게 된다. 여기서 최악의 답변은 "제가 어떤 방법을 써서라도 반드시 3일 안에 완료하겠습니다."이다. 물론, 현실에서는 이렇게 답해야 하는 경우도 있겠지만, 이는 해당 질문의 출제 의도와 어긋난다. 단순히 상황을 수긍하는 답변은 단 한 문장으로 상황이 정리되기 때문이다. 이러한 질문의 의도는 상황 개선을 위해 어떠한 방법을 시도하고 합의점을 찾으려고 하는지 과정을 보려고 하는 것이다. 앞선 질문과 같이 이 역시 사내에서 발생할 수 있는 상사와의 의견 불일치 상황이므로 [상황가정(긍정요소+부정요소)+대안] 구조로 답변하기 최적화되어 있다.

Worst

다음의 2가지 경우는 피하는 것이 좋다.
– '스스로 무리하게 업무를 다 짊어지겠다.'라는 의지만 최고인 답변
– 업무 진행계획 자체를 세워보지도 않고, 충분한 고민 없이 바로 포기해 버리는 답변

팀장님! 보고서 건 관련하여 상의드릴 부분이 있습니다. 오늘 아침부터 방금까지 보고서의 전반적인 아웃라인을 그렸고, 이에 따라 진행계획을 세웠습니다. 시니어 계층을 타겟팅 하는 신제품 컨셉에 대표님께서도 큰 관심을 갖고 계시므로 최대한 빠르게 진행하는 것이 좋을 것 같습니다. 그런데 제가 내일 하루 종일 출장일정이 있어 기한 내에 보고서를 마무리하기가 어렵습니다. 야근을 하더라도 물리적 시간 자체가 부족한 상황입니다. 최대한 빠른 완성을 위해 박 대리님과 인턴 직원의 협조를 받아 함께 작업을 진행해도 될까요?

 이것만은 꼭!

– 업무수행이 어려울 것으로 판단될 때에는 사전에 보고하는 것이 필수적이다.
– 지시사항 수행이 어려워 보여도 일단은 시도해 보아야 한다.
– [상황가정(긍정요소+부정요소)+대안] 답변방식을 활용해라.

연계질문

– 업무를 나에게 떠넘기는 선배가 있다면 어떻게 하겠는가?

유형 3   부정·내규위반

Q. 회식자리에서 취기가 오른 팀장님이 본인은 담배가 떨어질 때마다 법인카드로 구매한다고 말하며, 심지어 감사팀이 눈치채지 못하게 구매하는 노하우를 알고 싶으면 물어보라고 한다. 이러한 상황에서 팀장님에게 어떻게 이야기하겠는가? 실제 대화한다고 생각하고 말해 보시오.

채용담당자의 답변   **TIP**

대화의 상대가 상사이기 때문에 답변이 쉽지 않을 것이다. 현실에서 실제 이러한 일이 일어난다고 하면 신입사원이 할 수 있는 역할은 크게 없다. 대부분의 경우 눈과 귀를 닫고 모른 체하며 흘려보낼 것이다. 하지만 이것이 정석적인 대응이 아님은 자명하다. 회사 내규에 어긋나는 부정은 정해진 조치를 통해 바로잡아야 한다. 이것은 인성검사에서도 마찬가지이다. '회사 소모품을 사적으로 사용하는 직원을 목격한다면 모르는 척한다.'와 같은 질문지가 주어진다면 반드시 '전혀 그렇지 않다.'를 체크해야 한다. 이는 타협가능한 부분이 아니다.

물론, '바로 감사팀에 보고하겠다.'와 같은 답변은 현실성이 떨어지고, 융통성도 없는 조치이다. 분위기를 흐리지 않으면서도 부적절한 행동에 어느 정도의 제지를 가해야 한다. 이때 [놀람 표현+주장(근거사례)+염려] 답변방식을 활용하기 바란다.

Worst

다음의 2가지 경우는 피하는 것이 좋다.

– 상사의 부정을 인지했음에도 불구하고 모른 척 넘어가려는 답변
– 그 자리에서 언성을 높이며 신고하겠다는 답변

아, 팀장님! 정말로 그런 일이 있으셨습니까? 그렇게 하는 것이 실제로 가능한지 몰랐네요. 그런데 팀장님, 조금 위험하지 않을까요? 구매본부에 있는 제 동기에게 들은 이야기인데, 그 팀 부장님도 법인카드를 계속해서 사적으로 쓰다가 감봉처리까지 받았다고 하더라고요. 한두 번은 눈에 안 띄는데 1년 이상 계속되다 보니 꼬리가 길어져 다 알려질 수밖에 없었다고 합니다. 팀장님께서도 추후에 어떤 상황이 닥칠지 모르니 조심하시는 것이 좋지 않을까요? 저는 팀장님과 오랫동안 함께 일하고 싶습니다.

 이것만은 꼭!
- 현실성이 떨어지더라도 가장 정석적으로 답변해야 하는 상황이다.
- 묵인 혹은 신고와 같이 극단적인 대응은 지양해야 한다.
- [놀람 표현+주장(근거사례)+염려] 답변방식을 활용해라.

연계질문
- 선배가 부정을 저지르는 것을 목격한다면 어떻게 행동하겠는가?

과장님이 운전하는 차를 타고 출장을 가고 있다. 그런데 과장님이 일찍 도착해야 한다면서 과속을 하며 신호를 무시하고 운전을 한다. 이러한 상황에서 과장님에게 어떻게 이야기하겠는가? 실제 대화한다고 생각하고 말해 보시오.

채용담당자의 답변　　**TIP**

현실적으로 후배가 상위직급자의 운전스타일에 대해 언급하는 것은 쉽지 않다. 게다가 출장을 가고 있는 상황에서라면 더더욱 운전스타일에 대해 말하기는 어렵다. 하지만 법규를 위반하는 상황이라면 이를 정정하도록 노력하는 것이 온당하다. 내규 위반상황과 마찬가지로 [놀람 표현+주장(근거사례)+염려] 구조로 답변하게 되면 놓치는 부분 없이 효과적인 말하기가 가능하다. 놀람 표현은 상대방에게 경각심을 주는 역할을 한다. 또한, 사례를 활용하면 상대방의 감정을 고려한 간접적인 의견개진이 가능해진다. 마지막으로 법규를 계속 위반할 때 겪게 될 상황에 대해 염려스러운 부분을 언급하면서 상황을 부드럽게 마무리 짓는 것이 적절하다.

Worst

다음의 2가지 경우는 피하는 것이 좋다.
- 직설적인 화법으로 인해 상급자와의 관계에 문제를 일으키는 발언
- 상대방이 주장의 핵심을 인지하기 어려울 정도의 챠적극적인 발언

앗, 과장님! 방금 거의 부딪힐 뻔 했습니다. 큰일 날뻔했네요. 저희 조금 늦어지더라도 천천히 가는 것이 좋을 것 같습니다. 어제 뉴스 보니까 고속도로에서 5중 추돌사고가 났더라고요. 차 한 대가 과속하는 바람에 고장으로 정차하고 있는 차를 못보고 그대로 들이 받았더라고요. 뒤에 따라오던 차들도 같이 부딪혀서 인명피해도 있었다고 합니다. 사고 영상 보니까 끔찍하더라고요. 조금 늦어질 수도 있겠지만, 여기서 사고 나면 몸도 다치고 출장도 물거품 되서 일이 더 커질 수도 있으니 속도를 조금은 줄이셔도 괜찮을 것 같습니다.

 이것만은 꼭!
- 내규 위반과 법규 위반은 동일한 논리구조가 적용되므로 같은 패턴의 답변방식이 적용된다.
- 현실성이 떨어지더라도 가장 정석적으로 답변해야 하는 상황이다.
- [놀람 표현+주장(근거사례)+염려] 답변방식을 활용해라.

연계질문
- 고객이 잘 부탁한다는 의미로 돈 봉투를 건네면 어떻게 하겠는가?

당신은 인사팀에서 채용을 담당하고 있다. 친한 친구가 자신의 친척이 당신의 회사에 지원했으니, 잘 봐달라고 부탁을 한다. 이러한 상황에서 친구에게 어떻게 이야기하겠는가? 실제 대화한다고 생각하고 말해 보시오.

채용담당자의 답변   **TIP**

비단 채용에서뿐만 아니라 재무, 구매, 연구개발 등의 직무에서도 부정한 청탁이나 요구는 언제든지 발생할 수 있다. 그 요구사항이 어떤 것이 됐든 회사 내규에 어긋나는 것이라면 분명하게 선을 긋고 거절의사를 밝혀야 한다. 앞선 문항들과 마찬가지로 거절을 부드럽게 하기 위해서는 사례를 적용하는 것이 적절하다. 실전 면접에서는 청탁이나 부탁을 들어줄 경우 발생할 수 있는 문제를 바로 사례로 활용하기 바란다. 또한 상황 제시형 질문은 논리성은 물론 순발력도 필요하므로 답변을 구조화하는 연습을 반복하기 바란다.

Worst

다음의 2가지 경우는 피하는 것이 좋다.
- 채용 과정에 있어서 도움을 주겠다는 여지를 남겨놓는 답변
- 화를 내거나 언성을 높여서 친구 관계를 무너뜨리는 답변

아, 사촌동생이 이번에 우리 회사에 지원했어? 요새 취업이 어려워서 참 힘들겠다. 그런데 내가 도움을 주는 것은 쉽지 않을 것 같아. 요새 채용 비리다, 블라인드 채용이다 말이 많아. 얼마 전에는 현직자가 지원자에게 정보를 준 것이 밝혀져서 입사까지 했다가 취소당한 경우도 있어. 나뿐만 아니라 지원자 본인에게도 정말로 위험한 일이야. 직무 관련 활동도 많이 했고, 실력도 있다고 했으니까 열심히 한다면 분명히 좋은 결과가 있을 거야!

 이것만은 꼭!

– 합의점을 도출해야 하는 상황이 아니다. 분명하게 거절 의사를 밝혀야 한다.
– '완곡한 거절' 유형(유형 4)과의 구분 기준은 내규나 법규 위반 여부이다.
– [놀람 표현+사례+의견+염려] 답변방식을 활용해라.

 연계질문

– 사소한 법률이나 규칙은 어겨도 된다고 생각하는가?

Q. 당신은 백화점 화장품 코너의 담당자이다. 일주일 전에 화장품을 구매한 고객이 쓰다 만 화장품을 가져와서 환불해 달라고 한다. 이러한 상황에서 고객에게 어떻게 이야기하겠는가? 실제 대화한다고 생각하고 말해 보시오.

채용담당자의 답변 　TIP

블랙컨슈머 대응 문제는 현업에서도 골칫거리인 문제이다. 당혹스럽고 난처한 상황에서의 대응력을 평가하는 항목이다. 최악의 답변은 책임자나 매니저를 불러서 상황을 해결하겠다는 식의 답변이다. 이는 책임 회피성 발언이며, 질문의 취지 자체에도 어긋난다. 스스로 현장에서 최적의 대응력을 보여주는 것이 답변의 핵심이다. 이러한 '완곡한 거절'이 필요한 상황에 대한 유형은 [*라포 형성+거절의 이유+최소한의 성의 표시] 답변 패턴을 활용하기 바란다. 다짜고짜 거절부터 하는 것이 아니라 상대방의 입장을 헤아리는 이야기로 답변이 시작되어야 하며, 이어서 구체적인 거절 사유가 논리적으로 나타나야 한다. 끝맺음은 최소한의 보완책이나 성의표시로 하기 바란다.

* 라포 형성 : 의사소통 과정에서 상대방과 형성되는 친밀감 또는 신뢰감으로 이루어지는 인간관계

Worst

다음의 2가지 경우는 피하는 것이 좋다.
- 환불 요청을 승낙하는 결론으로 귀결되는 답변
- 다른 책임자의 힘을 빌리는 책임 전가형 답변

고객님! 제품 사용에 불편을 드려 정말 죄송합니다. 방문해 주시는 길 번 거롭지는 않으셨어요? 확인 요청주신 부분을 저희도 확인을 해 보았는데요. 케이스의 뚜껑 부분은 정상적으로 제작되었고, 제품 성분에서도 문제점을 발견하지는 못하였습니다. 아마도 피부트러블이 발생한 이유는 고객님의 피부 타입과 잘 맞지 않아서 생기는 문제일 것 같습니다. 제품 자체에는 이상이 없고, 이미 상당 부분을 사용하셨기 때문에 환불은 규정상 어려운 점 양해 부탁드립니다. 대신에 죄송스러운 마음을 담아 추후에 사용 가능한 백화점 할인쿠폰을 드리고자 하는데 괜찮으신가요?

 이것만은 꼭!
– 당혹스러운 상황에서의 대응력이 평가요소이다.
– 라포 형성 발언을 통해 상황을 부드럽게 만들고 시작해라.
– [라포 형성+거절의 이유+최소한의 성의 표시] 답변방식을 활용해라.

연계질문
– 현장에서 고객을 응대해 본 경험이 있는가?

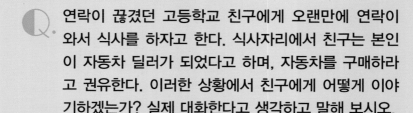

Q. 연락이 끊겼던 고등학교 친구에게 오랜만에 연락이 와서 식사를 하자고 한다. 식사자리에서 친구는 본인이 자동차 딜러가 되었다고 하며, 자동차를 구매하라고 권유한다. 이러한 상황에서 친구에게 어떻게 이야기하겠는가? 실제 대화한다고 생각하고 말해 보시오.

채용담당자의 답변 **TIP**

상사나 고객이 아닌 친구와의 대화 상황이기에 답변하기는 비교적 수월할 것이다. 당연히 반말로 답변이 이루어져야 하며 조금은 캐주얼한 말하기 방식도 가능하다. 답변의 핵심은 분명한 거절 의사를 밝히면서, 친구와의 관계에도 해가 되지 않도록 하는 것이다. 당연히 자동차를 기꺼이 사주겠다는 결론에 이르는 답변이나, 단칼에 거절해 버려서 친구와의 관계도 소원해지는 답변은 마이너스 요소이다. 친구 사이의 이슈 역시 '완곡한 거절'이 필요한 상황이므로 [라포 형성+거절의 이유+최소한의 성의 표시] 답변 패턴이 적용된다.

Worst

다음의 2가지 경우는 피하는 것이 좋다.
- 친구를 이용하려 한다며, 친구에게 면박을 주는 답변
- 명확한 기한을 언급하며 다음번에 꼭 사겠다는 답변

☆ BEST ☆

이야! 자동차 딜러? 재현이 대단하네. 너 원래 고등학교 때부터 추진력도 뛰어났고, 친화력도 좋기로 소문났잖아. 너라면 정말 잘할 것 같다. 그런데 어쩌지? 지금 타고 있는 차는 새로 산지 6개월밖에 안 됐고, 이번에 큰맘 먹고 바꾼 거라 몇 년간은 또 바꾸지는 않을 것 같은데. 정말 미안하다. 미리 연락 닿았으면 너한테 사는 것인데. 대신에 내가 적극적으로 도와줄게. 구매혜택이라든지 할인율 등을 알려주면 주변 지인들한테 적극 추천할게. 네 연락처 바로 전달해줘도 되지?

이것만은 꼭!

- 친구와의 말하기 방식은 상사 혹은 고객과의 말하기 방식과 달라야 한다.
- '완곡한 거절'이 필요한 상황에서의 답변 패턴은 어느 경우나 동일하다.
- [라포 형성+거절의 이유+최소한의 성의 표시] 답변방식을 활용해라.

연계질문

- 본인은 거절을 잘하는 편인가?

유형 4   **완곡한 거절**

Q. 친한 친구가 본인 결혼식의 청첩장을 주면서 사회를 봐주기를 부탁한다. 하지만 당신은 집안 행사로 인해 일정상 참석이 어려운 상황이다. 이러한 상황에서 친구에게 어떻게 이야기하겠는가? 실제 대화한다고 생각하고 말해 보시오.

채용담당자의 답변   **TIP**

도움을 주고자 하는 마음은 있는데 현실적인 제약 때문에 거절을 해야 하는 경우가 존재한다. 이때는 이유가 진솔하게 나타나야 하며, 가까운 관계이기에 미안함의 감정도 표현되어야 한다. 이 또한 '완곡한 거절' 유형에 속하기에 큰 틀은 [라포 형성+거절의 이유+최소한의 성의 표시] 답변 패턴을 활용하면 된다. 아무리 친한 사이라도 전후설명 없이 안 된다고 이야기 하는 것은 좋지 못하다. 미안함에 대한 표현은 '최소한의 성의 표시'를 통해 가능하다.

Worst

다음의 2가지 경우는 피하는 것이 좋다.
– 상황을 고려하지 않고, 단칼에 거절하는 답변
– 거절하기가 어려워 지키지 못할 약속을 하는 답변

희준이가 드디어 결혼하네. 축하해! 요새 이것저것 준비하느라 정신없지? 아, 그런데 결혼 날짜가 2월 20일이네. 어쩌지? 하필이면 그날이 아버지 환갑 잔치날이어서 대구에 내려가야 돼. 아쉽지만 결혼식 참석은 힘들 것 같아. 다른 날짜였으면 당연히 내가 사회를 봐줬을 텐데 정말 아쉽다. 결혼식 끝나고 따로 한 번 더 보자. 내가 저녁 맛있는 거 살게. 정말 미안해서 그래. 그 외에도 준비하면서 내 도움이 필요하면 언제든 연락 줘!

 이것만은 꼭!
- 아무리 가까운 사이라도 지킬 부분은 지켜야 '관계'에 문제가 발생하지 않는다.
- 미안함에 대한 표현은 '최소한의 성의 표시'를 통해 가능하다.
- [라포 형성+거절의 이유+최소한의 성의 표시] 답변방식을 활용해라.

🔗 연계질문
- 친구가 나의 업무상 지위를 활용한 개인적인 부탁을 한다면 어떻게 하겠는가?

유형 5   **주변인 설득**

Q. 회사 동기가 업무량이 가장 많고 일이 힘든 부서에 배치되어 고민이 많다. 업무가 본인에게 몰리는 바람에 퇴근이 늦고 스트레스도 많아 더 이상 못 버티겠다고 한다. 이러한 상황에서 동기에게 어떻게 이야기하겠는가? 실제 대화한다고 생각하고 말해 보시오.

채용담당자의 답변   **TIP**

누군가를 설득해야 하는 상황은 상대방이 나와 상반된 입장과 의도를 갖고 있다는 사실을 전제로 한다. 이러한 상황에서 대다수의 지원자들이 하는 실수는 무턱대고 본인의 의견 주장부터 시작한다는 것이다. 이는 상대방에게 반감을 살 수 있으며, 설득의 효과가 현저히 떨어지는 말하기 방식이다. 그렇기 때문에 답변의 가장 중요한 포인트는 '상대방의 입장에 대한 공감'으로 말하기를 시작하는 것이다. 공감 이후에 나의 주장을 자연스럽게 어필해야 하며, 주장을 뒷받침하는 적절한 근거들을 제시한다면 답변을 탄탄하게 만들어 줄 것이다.

Worst

다음의 2가지 경우는 피하는 것이 좋다.
- 공감 부분이 결여되며, 의견 주장에만 포인트가 맞춰진 답변
- '정 안 되면 퇴사하자.'라는 식의 무책임한 답변

많이 힘들지? 요 근래 표정도 안 좋아지고 수척해진 것 같네. 너 요새 거의 회사에 살다시피 하는 것 같더라. 나 같아도 너무 힘들 것 같아. 그런데 퇴사는 조금 더 생각해 보았으면 해. 요새 예전보다도 더 취업이 어려운 것도 사실이고, 막상 퇴사하고 후회하는 사람들도 많아. 나도 작년에 TF업무하면서 퇴사 직전까지 생각했었는데 버텨내다 보니 어느 순간 조직개편되면서 상황이 바뀌었잖아. 지금 팀에서 그 업무 평생 동안 하는 것 아니니까 이겨내려고 노력하다보면 좋은 날이 분명히 올 거야. 힘든 점 있으면 언제든지 이야기하고, 파이팅 하자!

 이것만은 꼭!
　– '설득 상황'에서 답변의 핵심은 '공감'이다.
　– 단도직입적인 의견 주장은 상대방의 반감을 살 수 있다.
　– [공감+의견 주장+근거] 답변방식을 활용해라.

🔗 **연계질문**
　– 우리 회사는 일이 많은데 괜찮겠는가?

유형 5　　　　**주변인 설득**

Q. 동아리에서 간부 역할을 맡고 있는 당신은 1박2일 여름MT를 기획하고 있다. 본인과 다른 간부들은 바다로 가기를 희망하지만 선배 한 명이 계곡으로 가기를 고집한다. 이러한 상황에서 선배에게 어떻게 이야기하겠는가? 실제 대화한다고 생각하고 말해 보시오.

채용담당자의 답변　**TIP**

설득과 관련하여 빈출되는 상황 중 하나이다. 설득의 대상은 동료, 가족, 선후배, 상사 등 다원화될 수 있으며, 설득의 상황 역시 다양하게 출제될 것이다. 하지만 질문의 구조와 틀 자체는 동일하다는 것을 명심하기 바란다. 이는 답변 역시 동일한 관점에서 구성하면 된다는 것을 의미한다. [공감+의견 주장+근거] 패턴을 활용하여 본인만의 답변을 구성하는 연습을 해 보기 바라며, 공감에서 의견 주장으로 이어지는 자연스러운 흐름에 신경 쓰기 바란다.

Worst

다음의 2가지 경우는 피하는 것이 좋다.
– 공감 부분이 결여되며, 의견 주장에만 포인트가 맞춰진 답변
– 결론이 '계곡' 쪽으로 귀결되는 답변

선배님, 계곡으로 MT를 가는 것도 신선한 아이디어네요! 저도 작년에 가족들과 계곡으로 휴가를 다녀왔는데, 물도 시원했고 맛있는 음식도 먹으면서 힐링하고 왔던 경험이 있습니다. 그런데 이번 MT는 성격상 바다가 더 적합하지 않을까 싶네요. 일단 계곡은 다소 비좁기 때문에 소규모 그룹으로 가기 적합한데, 이번에 참여하는 동아리원들이 30명에 달하거든요. 그리고 제가 동해안 쪽에 모든 인원을 한 번에 수용할 수 있는 괜찮은 숙소도 이미 알아봐 두었습니다. 선배님도 직접 가보시면 만족하실거예요. 저 한번 믿고 이번에는 바다로 가보시죠!

 이것만은 꼭!

– 설득의 대상, 설득해야 할 상황이 달라지더라도 당황하지 마라.
– 상대방이 선배나 상사인 경우 공손한 말하기 방식에 신경 써라.
– [공감+의견 주장+근거] 답변방식을 활용해라.

연계질문

– 동아리 활동 경험에 대해 이야기해 보시오.

당신은 식당 창업을 하여 사업을 영위하고자 하며, 이를 위해 대학을 굳이 졸업할 필요가 없다고 생각한다. 하지만 부모님은 정상적으로 대학을 졸업해서 회사에 취직하기를 원한다. 이러한 상황에서 부모님께 어떻게 이야기하겠는가? 실제 대화한다고 생각하고 말해 보시오.

채용담당자의 답변 TIP

설득의 대상은 친구, 동기, 선배, 부모님, 교수님 등 다양하게 제시될 수 있다. 대상이 달라지면 말투나 존댓말 사용 유무가 달라질 수는 있으나 답변방식에는 변함이 없는 것이 정상이다. 그러므로 해당 문항에서도 역시 [공감+의견 주장+근거] 답변방식을 활용해야 한다. 가끔 상황에 자신의 가치관을 투영시켜서 답변을 왜곡하는 경우가 있다. 본인이 '부모님' 쪽의 의견이 옳다고 생각할지라도 주어진 상황과 입장에서 설득이 이루어져야 한다.

Worst

다음의 2가지 경우는 피하는 것이 좋다.
- 본인의 가치관과 주어진 상황을 혼동하는 답변
- 의견과 근거가 명확하게 제시되지 않는 답변

아버지, 어머니께서 하시는 말씀이 어떤 의미인지 잘 알고 있습니다. 대학졸업장을 포기한 채 '회사'라는 대다수가 가는 길을 가지 않고, 리스크 높은 길로 발을 들이는 것이 불안하고 걱정되실 겁니다. 저도 진로를 정하기 위해 고민하고 또 고민하여 내린 결론입니다. 요식업에 뛰어들기 위해 지난 1년 동안 아이템 선정부터 전략까지 세부적으로 기획을 진행해왔습니다. 그리고 그것이 시장에서 충분이 경쟁력 있을 만한 아이템이 될 것이라고 생각했습니다. 이번 주 안에 계획안을 보여드릴 테니, 조금만 더 지켜봐 주십시오!

 이것만은 꼭!

– 설득의 대상은 다양하게 출제 가능하나 답변방식은 동일하다.

– 부모님의 의견으로 귀결되는 것은 질문의 취지에 벗어나는 것이다.

– [공감+의견 주장+근거] 답변방식을 활용해라.

🔗 **연계질문**

– 어떤 일을 진행할 때, 의견 차이가 발생하면 어떻게 대처하는 스타일인가?

유형 6 　　　　**곤란한 상황**

Q. 저번 주에 식사를 함께 한 소개팅 상대와 오늘은 놀
이공원에서 만났다. 자유이용권을 사기 위해 줄을 서
서 기다린 끝에 당신의 차례가 왔는데, 지갑이 없다
는 것을 알게 되었다. 이러한 상황에서 소개팅 상대
에게 어떻게 이야기하겠는가? 실제 대화한다고 생각
하고 말해 보시오.

채용담당자의 답변 　**TIP**

해당 유형은 '나의 잘못' 혹은 '내가 갖고 있는 문제' 때문에 발생하는 상황이라는
점에서 기 소개한 타 유형들보다 비언어적 요소가 더 중요해진다. 그렇기 때문에
보다 죄송스러운 표정과 어투로 답변을 진행해야 한다. 답변 콘텐츠 구성 역시
죄송한 마음에 대한 표현이 먼저 노출되어야 하며, 이어서 상황에 대한 설명이
따라 나와야 한다. 이후에 본인이 생각하는 대처방안 혹은 대안을 다양하게 이야
기하는 것이 좋다. 어찌 보면 상대방에게 피해를 끼치는 상황이기 때문에 상황을
부드럽게 만들 수 있는 캐쥬얼한 이야기도 곳곳에 첨가하면 더욱 좋다.

Worst

다음의 2가지 경우는 피하는 것이 좋다.
– 대처방안 없이 죄송한 마음만 표현하는 답변
– 대처방안에만 초점을 맞춘 답변

앗, 이거 어떻게 하죠? 정말 죄송한데, 제가 지금 수중에 지갑이 없네요. 아까 차에서 내릴 때, 지갑을 실수로 두고 온 것 같아요. 정말 죄송하지만 대신 결제 좀 부탁드려도 될까요? 저번 주에 이번에는 제가 사기로 약속한 것이니까 조금 이따가 계좌이체 해드리도록 하겠습니다. 그리고 오늘 저녁도 제가 맛있는 것으로 살게요! 아 혹시나 오해하실까 봐 말씀드리는데 저 원래 이렇게 덤벙대지 않아요. 다시는 이런 일 없을 겁니다. 번거롭게 해 드려서 정말 죄송해요!

 이것만은 꼭!
– 죄송한 마음에 대한 표현이 주요하게 나타나야 한다.
– [죄송함 표현+상황설명+대안] 답변방식을 활용해라.

🔗 **연계질문**
– 본인의 실수로 인해 조직에 피해를 끼친 경험이 있는가?

유형 6 　　　　곤란한 상황

Q. 당신은 최소한의 현금만 갖고 전국일주를 하고 있다.
집으로 돌아가기까지 며칠이 남았는데 갖고 있는 현
금을 다 써버려 며칠째 굶고 있다. 음식을 먹어야 하
는 상황에서 식당 사장님에게 어떻게 이야기하겠는
가? 실제 대화한다고 생각하고 말해 보시오.

채용담당자의 답변　**TIP**

극단적으로 곤란한 상황에서의 대처능력을 평가하고자 하는 문항이다. 예의를 갖
춤과 동시에 부드럽게 주장하고자 하는 바까지 도달하는 과정이 답변의 핵심이
되겠다.

대면면접에서 '무인도에 3가지를 가져간다면 무엇을 가져가겠는가?'와 같은 질
문이 종종 등장한다. 이때 그 누구도 '보트를 갖고 가서 탈출하겠습니다.'라고 하
지 않는다. 질문의 취지에 벗어나는 응답이라는 것을 알고 있기 때문이다. 돈이
떨어진 상황에 대한 질문도 마찬가지이다. '○○페이를 써서 결제하겠다.', '친구
에게 전화하여 계좌이체를 해드리겠다.'라고 하게 되면, 문항을 출제한 이유 자체
가 사라지는 것이다. 현실과 면접답변은 완벽하게 일치하지 않음을 명심하기 바
란다.

Worst

다음의 2가지 경우는 피하는 것이 좋다.
– 다른 기기를 활용하거나 상황 외적인 인물의 도움으로 결제하겠다는
　답변
– 예의와 공손한 태도가 결여된 답변

사장님 안녕하세요? 저는 전국일주를 진행 중인 OO대학교에 다니는 OOO라고 합니다. 먼저 이런 부탁드리게 되어 정말로 죄송합니다. 오늘 이 전국일주 2주째 되는 날인데 제가 비용 계산을 잘못하여 식비가 바닥나 버렸습니다. 당혹스러운 부탁을 드려서 정말 죄송합니다만, 혹시 도와드릴 일이 있다면 도와드리고, 그 대신 식사를 할 수 있겠습니까? 설거지나 서빙 등 어떤 것을 시키셔도 됩니다. 음식점에서 여러 번 아르바이트를 한 경험도 있어서 어떤 일이든 시키시면 도움이 되실 겁니다.

 이것만은 꼭!
 – 극도로 곤란한 상황에서의 대응력을 평가하고자 한다.
 – 주장하고자 하는 바에 이르기까지의 답변흐름이 중요하다.
 – [죄송함 표현+상황설명+대안] 답변방식을 활용해라.

 연계질문
 – 가장 힘들었던 경험과 극복했던 방법에 대해 이야기해 보시오.

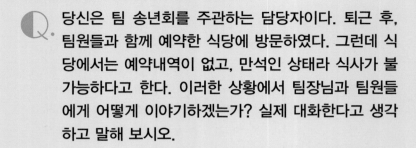

유형 6　　　**곤란한 상황**

Q. 당신은 팀 송년회를 주관하는 담당자이다. 퇴근 후, 팀원들과 함께 예약한 식당에 방문하였다. 그런데 식당에서는 예약내역이 없고, 만석인 상태라 식사가 불가능하다고 한다. 이러한 상황에서 팀장님과 팀원들에게 어떻게 이야기하겠는가? 실제 대화한다고 생각하고 말해 보시오.

채용담당자의 답변　TIP

실제 현업에서 발생할 가능성이 있는 문제이다. 누구의 실수이든 주관자가 본인이라면 책임의 화살은 온전히 자신에게 돌아온다. 중요한 것은 상황을 해결하기 위한 노력의 과정이다. 예약이 누락된 것은 식당의 실수일 수도 있겠지만, 식당 측에 화를 내고 따지는 것은 큰 의미가 없다. 빠르게 잘못을 인정하고 대안을 찾아 나아가는 과정이 더 중요하다. 친구나 가족이 아닌 회사 사람들이라는 공적인 관계에서 발생한 상황이니 만큼 표정, 말투, 어조 등에 조금 더 신경 써서 답변하기 바란다.

Worst

다음의 2가지 경우는 피하는 것이 좋다.
- 잘못을 식당 측의 탓으로 돌리고, 화를 내는 답변
- 구체적인 대안 없이 죄송함만 표현하는 답변

날씨도 추운데 헛걸음하게 해드려서 정말 죄송합니다. 아까 오후에 제가 식당에 전화해서 분명히 예약했는데 뭔가 미스커뮤니케이션이 있었던 것 같습니다. 제대로 확인하지 못한 저의 잘못입니다. 드릴 말씀이 없네요. 혹시 괜찮으시다면 저쪽 두 번째 골목으로 넘어가면 정말 맛있는 고깃집이 있는데 그쪽으로 가시는 것은 어떠세요? 이 식당은 다음에 기회가 되면 다시 한 번 모시도록 하겠습니다.

 이것만은 꼭!
- 공적인 관계에서 발생한 사안이니 만큼 예의와 비언어적인 요소에 더욱 신경 써라.
- 스스로가 책임을 지고 해결방안을 제안해야 한다.
- [죄송함 표현+상황설명+대안] 답변방식을 활용해라.

🔗 **연계질문**
- 예상하지 못한 상황에서 신속하게 대처를 한 경험을 말해 보시오.

당신은 교양과목 팀 프로젝트의 리더이다. 한 명의 팀원이 연락을 잘 받지 않고, 맡은 바 업무를 수행하지 않아 다른 팀원들의 불만의 목소리가 커지고 있다. 이러한 상황에서 그 팀원에게 어떻게 이야기하겠는가? 실제 대화한다고 생각하고 말해 보시오.

채용담당자의 답변   TIP

대면면접에서 자주 출제되는 '팀 프로젝트 진행 시 프리라이더 팀원 대처법'과 동일한 질문이다. 해당 유형은 어떠한 루트로든 본인의 권리를 침해받았을 때 적절히 대응하는지를 평가하는 문항이다. 상대방을 설득하는 상황의 일종이므로 논리적인 말하기가 필요하고, 공격적인 언행으로 불화를 일으키면 안 된다는 것이 핵심 포인트이다. 단도직입적으로 상대방에게 권리를 주장하면 인간관계에 트러블이 생기기 마련이다. 따라서 주장의 앞뒤에 상황을 부드럽게 만들어 주는 '*소프팅 언어'를 적절히 활용하기 바란다. 발언의 시작점에서는 '상대의 입장'에서 소프팅 언어를 구사하고, 끝맺음은 '나의 입장'에서 소프팅 언어를 활용하기 바란다.

* 소프팅 언어 : 주장을 하기 전에 상대방에게 불쾌감을 주지 않고, 부드럽게 다가갈 수 있도록 만드는 표현

Worst

다음의 2가지 경우는 피하는 것이 좋다.
- 단도직입적으로 권리를 주장하는 답변
- 상대방을 비난하고 화를 내는 느낌을 주는 답변

수민씨! 잘 지내죠? 오랜만이에요. 연락이 안 돼서 무슨 일이 있는 건 아닌지 팀원들하고 걱정했거든요. 괜찮으신 거죠? 다행이네요.

다름이 아니라 우리 조 발표일이 당장 다음 주이니까 빨리 진행을 해야 할 것 같아요. 담당하신 시장조사 파트 자료 목요일까지 보내주실 수 있으시죠? 진행하다가 도움이 필요하거나 애로사항이 있으시면 언제든 미리 말씀해 주시고요.

자꾸 재촉해서 죄송해요. 안 하던 팀장 역할 해 보려니 쉽지 않네요. 우리 다음 주까지 같이 고생하고, 끝나면 조 회식 한번 해요. 무슨 일 있으면 바로 전화주세요!

 이것만은 꼭!
- 대면면접에서의 '팀 프로젝트 진행 시 프리라이더 팀원 대처법' 과 동일한 질문이다.
- 면접 답변은 현실에서의 대응 방법과 항상 일치하지는 않는다.
- [소프팅 언어(상대 입장)+주장+소프팅 언어(나의 입장)] 답변방식을 활용해라.

 연계질문
- 갈등을 해결해 본 경험이 있는가?

Q. 고등학교 동창 모임이 있어서 호프집에 가서 기다리고 있다. 모두 도착했는데 오늘도 역시 매번 약속에 늦는 친구만 아직 자리에 없다. 이러한 상황에서 그 친구에게 어떻게 이야기하겠는가? 실제 대화한다고 생각하고 말해 보시오.

채용담당자의 답변　**TIP**

상대방이 친구일지라도 잘못된 부분에 대해 분명하게 이야기해야 하는 상황이다. '굳이 이야기를 꺼내지 않고 넘어간다.'라는 옵션은 선택지에 없는 것이나 마찬가지이다. 이는 질문의 취지에 벗어난다. 약속을 지키지 않는 친구 때문에 내가 기다리게 된 상황도 큰 범주에서 '권리 침해' 유형에 해당한다. 그러므로 [소프팅 언어(상대 입장)+주장+소프팅 언어(나의 입장)] 답변방식을 활용하면 된다. 답변의 시작과 끝은 부드러운 어조여야 하나 주장하고자 하는 바는 분명하게 드러나야 한다.

Worst

다음의 2가지 경우는 피하는 것이 좋다.
– 잘못한 부분에 대한 언급 없이 좋게좋게 넘어간다는 답변
– 부드럽게 이야기하는 것에 과도하게 초점을 맞춰 '주장' 부분이 모호한 답변

대인아, 요새 바쁘지? 요새 부서 바뀌고 업무량이 많아져서 매일 늦게까지 야근한다고 들었어. 진짜 정신적으로도 체력적으로도 힘들겠다.

그런데 오늘 동혁이 생일이라서 몇 주 전부터 잡아둔 약속인데 이렇게 또 늦으니 너무 서운하다. 물론 급한 일이 생기거나 피치 못할 일정이 잡힐 수는 있는데 그런 경우엔 사전에 최대한 빨리 알려줬으면 좋겠어. 오늘도 우리 모두 1시간이나 기다렸잖아.

나도 이런 말 하기 싫은데, 우리 관계가 틀어지지 않았으면 해서 하는 말이야. 기분 불편하게 했다면 미안하고, 오늘이 계기가 되서 우리 사이가 더 끈끈해졌으면 해.

 이것만은 꼭!
– 약속을 지키지 않음으로 인해 기다리게 된 상황도 '권리 주장'이 필요한 유형에 포함된다.
– 답변의 끝맺음을 '미래지향적'으로 하는 것도 좋은 전략이 된다.
– [소프팅 언어(상대 입장)+주장+소프팅 언어(나의 입장)] 답변방식을 활용해라.

🔗 **연계질문**
– 주변 사람들은 본인을 어떻게 평가하나?

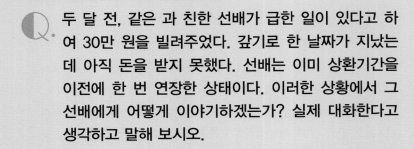

Q. 두 달 전, 같은 과 친한 선배가 급한 일이 있다고 하여 30만 원을 빌려주었다. 갚기로 한 날짜가 지났는데 아직 돈을 받지 못했다. 선배는 이미 상환기간을 이전에 한 번 연장한 상태이다. 이러한 상황에서 그 선배에게 어떻게 이야기하겠는가? 실제 대화한다고 생각하고 말해 보시오.

채용담당자의 답변   TIP

권리 주장이 필요한 전형적인 케이스이다. 금전과 연관된 이슈는 실생활에서도 많이 발생하는 문제이고, 당사자는 물론 상대방 입장에서도 민감할 수밖에 없다. 답변의 핵심은 '주장'과 '관계'에 있다. 이야기 꺼내기 껄끄러운 주제라는 이유로 본인이 말하고자 하는 바가 유야무야 되어서는 안 된다. 또한, 단도직입적인 발언보다는 조심스러운 접근이 필수적이다. [소프팅 언어(상대 입장)+주장+소프팅 언어(나의 입장)] 답변방식에 최적화되어 있는 문항이다.

Worst

다음의 2가지 경우는 피하는 것이 좋다.
- 단도직입적으로 권리를 주장하는 답변
- 이야기하고자 하는 바가 명확히 전달되지 않는 답변

선배님, 중간고사는 잘 보셨어요? 이번에 공부양이 많아져서 정신없으셨을 것 같아요. 저도 너무 바빠서 최근에 제대로 쉰 날이 없는 것 같아요. 아, 그리고 빌려드린 돈은 내일까지 보내 주실 수 있으세요? 알아서 주시겠지만 정신없어서 잊으셨을까 봐 말씀드립니다.

자꾸 재촉 드리는 것 같아서 죄송하네요. 저도 여유 있게 말씀드리면 좋은데, 당장 이번 주에 자취방 월세를 내야 해서 이렇게 말씀드립니다. 그럼 연락주세요!

 이것만은 꼭!
- 금전이 연관된 문제는 가장 민감한 이슈이다.
- '나의 권리'를 정당하게 주장하는 것이지만 스스로를 낮추고 다가가야 하는 것이 현실이다.
- [소프팅 언어(상대 입장)+주장+소프팅 언어(나의 입장)] 답변방식을 활용해라.

🔗 **연계질문**
- 인간관계에서 가장 중요하다고 생각하는 부분은 무엇인가?

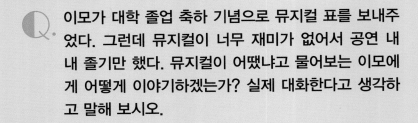

Q. 이모가 대학 졸업 축하 기념으로 뮤지컬 표를 보내주었다. 그런데 뮤지컬이 너무 재미가 없어서 공연 내내 졸기만 했다. 뮤지컬이 어땠냐고 물어보는 이모에게 어떻게 이야기하겠는가? 실제 대화한다고 생각하고 말해 보시오.

채용담당자의 답변　　TIP

'상대방에 대한 배려'의 말하기가 필요한 유형으로 드물게 출제되는 편이다. 나의 이야기를 듣는 상대방의 감정과 입장을 고려한 답변이 이루어져야 한다. 이러한 유형의 경우 감사함에 대한 표현으로 답변을 시작하면 답변구성이 보다 자연스러워지고, 콘텐츠 구성이 편리해진다. [감사 표현+사실, 감정, 느낀 점+감사 표현] 답변 툴이 유용할 것이다. 중간 콘텐츠는 사실, 감정, 느낀 점을 모두 활용하기보다는 제시된 상황에 따라 더 자연스러운 부분만 적용하기 바란다. 이 부분에서 때때로 '선의의 거짓말'을 해야 하는 경우도 있음을 주의하기 바란다.

Worst

다음의 2가지 경우는 피하는 것이 좋다.
 – 과도하게 솔직하게 있는 그대로 이야기하는 답변
 – 바로 사실, 느낀 점, 감정에 대한 내용부터 시작하는 답변

이모! 생각하지도 못했던 뜻밖의 선물을 보내주셨네요. 요즘 가게 운영하시느라 바쁘시다고 들었는데 제 졸업까지 신경 써 주셔서 정말 감사합니다.

졸업 후, 아직까지 취업을 못해서 제 스스로도 주눅 들어 있었는데 덕분에 잠깐이나마 스트레스를 해소할 수 있었어요. 같이 간 여자친구도 꼭 보고 싶어 했던 뮤지컬이라면서 정말 좋아하더라고요. 이모 덕분에 점수 딴 것 같아요.

정말 감사해서 상품권 하나 보내드렸어요. 별것은 아니지만 시간되실 때, 지윤이 맛있는 것이라도 사주세요. 그럼 건강하시고 다음 달 명절에 뵐게요!

 이것만은 꼭!
 – 상대방의 감정과 입장을 고려한 답변구성이 핵심이다.
 – '선의의 거짓말'이 필요한 경우도 존재한다.
 – [감사 표현+사실, 감정, 느낀 점+감사 표현] 답변방식을 활용해라.

 연계질문
 – 조직생활에서 가장 필요한 덕목은 무엇이라고 생각하는가?

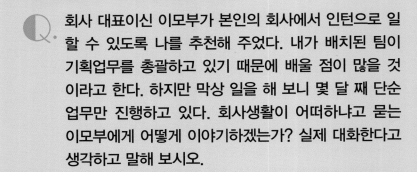

Q. 회사 대표이신 이모부가 본인의 회사에서 인턴으로 일
할 수 있도록 나를 추천해 주었다. 내가 배치된 팀이
기획업무를 총괄하고 있기 때문에 배울 점이 많을 것
이라고 한다. 하지만 막상 일을 해 보니 몇 달 째 단순
업무만 진행하고 있다. 회사생활이 어떠하냐고 묻는
이모부에게 어떻게 이야기하겠는가? 실제 대화한다고
생각하고 말해 보시오.

채용담당자의 답변　　TIP

상대방의 호의에 대한 감사 표현이 중요한 항목이다. 해당문항은 '선의의 거짓말'
까지 필요하지는 않다. 다만, 진행하고 있는 업무에 대한 직설적인 부정적 표현
보다는 경험한 내용들 중에 긍정적인 부분을 언급하는 것이 좋다. 신입사원에게
'생각해 왔던 업무'와 '실제 업무' 사이의 괴리감이 발생하는 것은 어찌 보면 자연
스러운 현상이다. 현재에 충실한 자세와 미래지향적인 발언이 더 도움이 된다.

Worst

다음의 2가지 경우는 피하는 것이 좋다.
  – 업무 관련 내용은 배제한 채 감사의 표현만 하는 답변
  – 현재 상황에 대해서만 이야기하고, 업무를 통해 느낀 점이나 미래지향
    적 계획이 누락된 답변

이모부, 좋은 기회를 주셔서 정말 감사해요! 이모부가 추천해 주신 덕분에 제가 꼭 가고 싶었던 기획팀의 업무를 경험할 수 있게 되었네요.

제가 생각해왔던 부분과 실제 업무의 간극에 대해서도 느낄 수 있었고, 한 가지 업무를 수행하기 위해 수면 밑에서 얼마나 많은 노력과 수고가 들어가는지도 깨달을 수 있었습니다. 향후의 진로 설정과 취업 준비 과정에 분명히 큰 도움이 될 것 같습니다.

항상 신경 써 주셔서 감사하고요. 저에게 주어진 일도 열심히 해서 이모부 이름에 먹칠하지 않도록 할게요!

 이것만은 꼭!

– 상대방의 호의에 대한 감사표현이 중요하다.

– '느낀 점'에 대해 긍정적인 면을 부각시켜 이야기해라.

– [감사 표현+사실, 감정, 느낀 점+감사 표현] 답변방식을 활용해라.

 연계질문

– 입사 후, 업무가 적성에 맞지 않는다면 어떻게 하겠는가?

PART 2

핵심 면접 질문 공략하기

03. 심층 구조화 질문(개인 맞춤형 질문)

⏱ 준비시간 : 30초 / 답변시간 : 60초

AI면접 진행 중에 갑자기 인성과 관련된 질문이 튀어나온다. 이는 인성검사 과정에서 지원자가 체크한 항목들을 기반으로 개인별로 맞춰서 제시되는 질문이다. 그렇다고 해서 이러한 질문까지 고려해 가면서 인성검사를 체크하는 것은 무의미할뿐더러 불가능하다.

질문의 유형으로는 주로 '과정과 결과 중에 결과가 더 중요하다.'와 같이 개인의 가치관을 파악하는 질문이 많이 출제되는 편이며, Yes or No 형태로 응답하게 된다. 결과가 중요하다고 생각하여 Yes를 선택할 경우, '그 이유가 무엇인지', '관련 경험이 있는지'와 같은 세부 질문이 출제된다. 30초가량 답변하기 바란다.

심층 구조화 질문은 가치관을 묻거나 해당 가치관과 연관된 경험을 제시해야 하는 경우가 대부분을 차지한다. 이어서 소개하는 합격 답변을 만들어주는 3가지 답변기법은 이러한 질문에 대한 활용도가 높으니 반드시 숙지하고, 질문에 따라 적용하는 연습까지 진행해 보기 바란다.

1. STAR-F 답변기법

STAR 기법은 가장 많이 알려져 있는 답변기법으로, 그만큼 활용도 또한 높다. 이보다 한 단계 더 업그레이드된 STAR-F 기법을 소개하니 경험 베이스의 답변을 구성할 때 활용하기를 바란다.

• 활용 범위 : 경험을 이야기하는 경우

• 답변 구조화 방법

  S : Situation - 배경 및 상황 설명

  T : Task - 주어진 과제 및 문제에 대해 설명

  A : Action - 주어진 과제 및 문제를 해결하기 위해 내가 한 행동을 설명

  R : Result - 나의 행동으로 인해 어떠한 결과가 나왔는지 설명

  F : Feeling - 경험을 통해 느낀 점 및 각오를 직무와 연계하여 설명

Q. 지원한 직무를 수행하기 위해 어떠한 경험을 했는가?

Answer

S - 저는 대학 시절 진로를 탐색하는 과정에서 고객들과 소통할 수 있는 판매경험이 꼭 필요하다고 느꼈습니다. 그래서 축제 기간에 주류를 판매할 계획을 세운 적이 있습니다.

T - 하지만 축제 기간의 주류 판매는 레드오션이었기에 남들과 차별화될 수 없다고 판단했습니다.

A - 그래서 고민과 토의 끝에 음주 후에 판매될 수 있는 숙취해소음료를 아이템으로 결정하였고, 직접 발로 뛰는 판매와 주점과 연계한 판매 두 가지 판매 전략을 수립했습니다.

R - 차별화된 상품과 전략으로 이틀 만에 매출 200만 원을 달성한 경험이 있습니다.

F - ○○에 입사한 후에도, 이렇듯 필요한 경험이 있다면 직접 찾아나서는 적극적이고 의욕적인 신입사원이 되겠습니다.

2. LRM 답변기법

'심층 구조화 질문'의 대부분은 본인의 가치관에 근거한 생각을 개진해야 하는 유형으로 구성되어 있다. '경쟁을 통해 매출 1위를 달성한 직원에게만 인센티브를 부여하는 것에 대해 어떻게 생각하는가?' 혹은 '경쟁이 치열한 환경이 본인에게 어떠한 영향을 미치는가?'와 같이 동일한 주제일지라도 다양한 형태로 질문이 주어질 수 있다. 질문의 형태가 조금씩 달라지더라도 '경쟁'에 대한 본인만의 생각이 나타나야 하는 답변의 포인트는 동일하다. 이렇듯 가치판단이 필요한 유형에서는 LRM 답변기법을 활용하자.

- 활용 범위 : 특정 현상이나 이슈에 대해 가치판단이 필요한 경우
- 답변 구조화 방법

  L : Left – 사안에 대한 여러 관점 중 양 끝단의 한쪽 면에 대해 설명

  R : Right – 사안에 대한 여러 관점 중 양 끝단의 정반대 측면에 대해 설명

  M : Middle – 사안에 대한 여러 관점 중 양 끝단의 중간지점으로 포인트를 잡아 결론 도출

Q. 경쟁을 통해 매출 1위를 달성한 직원에게만 인센티브를 부여하는 것에 대해 어떻게 생각하는가?

Answer

L : 경쟁은 업무효율을 극대화시킬 수 있는 자극제 역할을 한다는 점에 서 업무수행에 꼭 필요한 요소라고 생각합니다. 경쟁 없는 조직은 무사안일주의에 빠지기 쉽고, 성장하기보다는 정체하거나 퇴보할 가능성이 더 클 것이기 때문입니다.

R : 다만, 목표설정이 잘못되어 달성가능성이 현저하게 떨어질 때에는 도전 자체를 하지 않는 무기력증에 빠질 수도 있기에 적절한 타겟 설정이 중요하다고 생각합니다.

M : 저에게 팀 내 최고매출 달성이라는 타겟은 업무를 수행하는 과정 에 있어 적절한 자극제 역할을 할 것이라고 믿습니다.

3. SP 답변기법

면접 답변은 효과적인 전달을 위해 일목요연하게 구성하는 것이 핵심이다. 그러나 대다수의 지원자들은 조리 있는 답변을 하지 못한다. 답변이 장황해 지거나 핵심을 벗어나는 일이 빈번하며, 답변은 길어도 듣는 사람이 요지를 파악할 수 없는 경우도 많다. 어떻게 하면 조리 있는 말하기가 가능할까? SP기법을 활용하면 손쉬운 방법으로 체계적인 말하기가 가능하다.

• 활용 범위 : 광범위한 경험, 의견 등을 종합적으로 어필하는 경우

• 답변 구조화 방법

  SP : Seperation - 다음과 같이 범주를 구성한 후에 답변을 시작하라.

  1. 3가지 입장에서 말씀드리겠습니다.

  2. 단기적, 장기적 관점으로 나누어 말씀드리겠습니다.

  3. 경제적 측면과 기술적 측면으로 구분하여 설명드리겠습니다.

• SP 답변기법이 활용 가능한 질문

Q. 입사 후, 어떤 목표를 갖고 있습니까?
A. 단기적, 장기적 관점으로 나누어 말씀드리겠습니다.

Q. 본인이 꼭 뽑혀야만 하는 이유가 있나요?
A. 제가 가지고 있는 강점 3가지를 말씀드리겠습니다.

Q. 자동차산업의 미래를 전망한다면 어떨 것 같나요?
A. 경제, 사회, 문화적 차원으로 나누어 답변드리겠습니다.

업무를 진행할 때, 협력은 중요한가?

① Y   ② N

1. 협력이 중요하다고 생각하는 이유는 무엇인가?

☆ BEST ☆

> 협력은 공동의 목표달성에 도움이 되며, 혼자서는 수행이 어려운 일도 가능케 할 수 있기에 당연히 중요한 요소라고 생각합니다. 다만, 과업의 성격상 개인적으로 집중이 필요하거나 시간을 투자하여 몰입했을 때, 성과가 나는 업무의 경우, 과도하게 협력을 강조한다면 부작용을 유발할 수도 있을 것이라 판단합니다.
> 하지만 회사 업무에서 만큼은 혼자서 할 수 있는 일은 아무것도 없을 것이기에 협력은 아무리 강조해도 지나치지 않을 가치라고 생각합니다.

 이것만은 꼭!
  – LRM 답변기법을 활용해라.

2. 협력을 통해서 얻은 성과가 있다면 무엇이며, 그것이 본인의 가
   치관에 어떤 영향을 미쳤는가?

인턴 시절, 회사 소개 책자 제작업무를 진행한 경험이 있습니다. 회사의
히스토리부터 사업영역, 비전까지 아우르는 소개 자료를 만들기 위해 먼
저 각종 자료수집에 집중했습니다. 문제는 방대한 양의 자료를 체계적이
고 효과적으로 구성하기 쉽지 않았다는 것이었습니다.

이를 해결하기 위해 선배님들의 도움이 절실했습니다. 다양한 관점의 피
드백을 얻기 위해 사원급, 과장급, 부장급 선배님들을 한 분씩 선정하여
의견을 여쭈어보았습니다. 그 과정을 통해 조금 더 효과적이고 일목요연
한 자료구성이 가능했습니다.

어찌 보면 사소한 업무였을 수도 있지만, 업무과정에서 협업의 중요성을
절실히 깨달은 경험이었습니다. 향후에 업무를 진행할 때에는 심도 있고
장기적인 관점에서의 프로젝트가 더 많을 것이라고 생각합니다. 항상 적
극적으로 협업하여 좋은 시너지를 낼 수 있도록 하겠습니다.

 이것만은 꼭!
- STAR-F 답변기법을 활용해라.
- 경험 베이스의 답변은 답변길이가 비교적 길어지는 것이 정상이다.

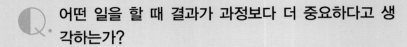

Q. 어떤 일을 할 때 결과가 과정보다 더 중요하다고 생각하는가?

① Y   ② N

1. 결과를 중요하게 생각하는 이유가 무엇인가?

☆ **BEST** ☆

> 과정과 결과는 어느 한쪽을 선택하기 쉽지 않을 만큼 모두 매우 중요한 가치라고 생각합니다. 일반적인 상황에서는 과정이 좋으면 결과도 자연스럽게 따라 나오게 되고, 그 반대의 케이스가 성립되는 경우도 많습니다. 물론, 예외의 경우도 있을 수 있습니다. 부정과 불법을 저질러서 목표를 달성한 케이스가 그러할 것입니다.
> 판단의 범위를 회사생활로 한정지었을 때, 회사 내에서 모든 성과는 '결과'라는 기준에 의해 정의되기 때문에, 부정과 불법을 저지르는 경우를 제외한다면 과정보다 결과가 더 중요하다고 생각합니다.

 이것만은 꼭!
 – LRM 답변기법을 활용해라.

2. 배치받은 부서가 결과보다 과정을 더 중요시하는 분위기라면 어떻게 하겠는가?

과정과 결과는 어느 한쪽을 선택하기 쉽지 않을 만큼 모두 매우 중요한 가치라고 생각합니다. 일반적인 상황에서는 과정이 좋으면 결과도 자연스럽게 따라 나오게 되고, 그 반대의 케이스가 성립되는 경우도 많습니다. 물론, 예외의 경우도 있을 수 있습니다. 부정과 불법을 저질러서 목표를 달성한 케이스가 그러할 것입니다.

배치받게 된 부서에서 과정을 더 중요시한다면, 이는 업무의 특성을 반영했기 때문이라고 생각합니다. 윤리의식이 최우선 가치가 되는 재무직무의 특수성을 인정하고, 조직의 문화에 빠르게 녹아들기 위해 노력하겠습니다.

 이것만은 꼭!

- LRM 답변기법을 활용해라.
- 1번, 2번 BEST 답변과 같이 LRM 답변기법을 활용하면 동일한 콘텐츠를 다양한 문항에 활용할 수도 있다.

Q. **경쟁이 필요하다고 생각하는가?**

① Y   ② N

1. 당신의 부서에서는 경쟁 과정을 통해 최고 매출을 달성한 직원에게만 인센티브를 부여한다. 이러한 경쟁상황이 당신에게 어떤 영향을 미치는가?

☆ BEST ☆

> 경쟁은 업무효율을 극대화시킬 수 있는 자극제 역할을 한다는 점에서 업무수행에 꼭 필요한 요소라고 생각합니다. 경쟁 없는 조직은 무사안일주의에 빠지기 쉽고, 성장하기보다는 정체하거나 퇴보할 가능성이 더 클 것이기 때문입니다. 다만, 목표설정이 잘못되어 달성가능성이 현저하게 떨어질 때에는 도전 자체를 하지 않는 무기력증에 빠질 수도 있기에 적절한 타겟설정이 중요하다고 생각합니다. 저에게 팀 내 최고매출 달성이라는 타겟은 업무를 수행하는 과정에 있어 적절한 자극제 역할을 할 것이라고 믿습니다.

 이것만은 꼭!
　－ LRM 답변기법을 활용해라.

2. 당신은 부서 내 3분기 최고 매출을 달성하여 인센티브를 받았다.
축하해주는 팀원들에게 어떤 이야기를 하겠는가?

☆ BEST ☆

저는 크게 2가지를 이야기하겠습니다. 첫 번째는 감사입니다. "제가 이
번 분기에 여러 가지로 어려운 상황 속에서도 좋은 결과를 낼 수 있었던
것은 선후배님들의 도움이 있었기 때문입니다. 향후에 저 역시 팀원 분
들의 업무에 조금이나마 보탬이 될 수 있도록 항상 노력하겠습니다." 그
리고 두 번째는 각오에 대해 말씀드리겠습니다. "제가 가장 경계해야 할
부분은 지금 이 순간에 안주하고, 만족하는 것이라고 생각합니다. 항상
스스로를 채찍질하고, 부단히 자기계발을 하여 꾸준히 성장하는 인재가
되겠습니다."

 이것만은 꼭!
- SP 답변기법을 활용해라.
- 실제 대화하는 방식 혹은 설명형 방식 모두 활용이 가능하다.

Q. 업무를 수행하는 과정에 있어 계획수립 단계가 중요하다고 생각하는가?

① Y　　　　　　　② N

1. 계획수립 단계가 업무수행에 중요하다고 느꼈던 경험이 있는가?

☆ BEST ☆

학부 시절, 환경보호 촉진을 위한 캠페인 영상제작 프로젝트를 진행한 경험이 있습니다. 저희 조는 대략적인 스토리라인을 구성한 후, 바로 촬영을 시작했습니다.

촬영은 역경의 연속이었습니다. 명확한 콘티를 확정하기 위해 찬바람 부는 야외에서 산발적으로 회의를 해야 했고, 그때그때 아이디어가 떠오르거나 생각이 바뀔 때마다 재촬영을 진행했습니다.

결국은 다시 회의실로 돌아가 구체적인 콘티를 수립하는 데 오랜 시간을 투자하고 나서야 촬영을 재개할 수 있었습니다. 명확한 계획수립이 선행되었다면 낭비하지 않아도 될 요소가 많았을 것입니다.

입사 후에도 이러한 경험을 바탕으로 계획을 통해 효율적으로 업무를 수행해 나아가겠습니다.

 이것만은 꼭!
- STAR-F 답변기법을 활용해라.
- 경험 베이스의 답변 소재는 사소한 프로젝트나 아르바이트 이력도 활용가능하다.

2. 업무를 수행하는 과정에 있어 계획수립 단계가 어떠한 측면 때문에 중요하다고 생각하는가?

☆ BEST ☆

업무 수행에 있어 계획수립은 업무의 방향성을 명확히 설정하고, 효율적인 업무진행을 가능하게 한다는 점에서 중요한 단계라고 생각합니다. 개인적으로는 계획단계에서 최대한 많은 시간을 투자해야 한다는 생각도 갖고 있습니다.

하지만 업무를 진행하다보면 급박한 상황에서 바로바로 업무를 처리해내야 하는 상황도 존재할 것입니다. 이때는 계획보다는 즉각적인 실행에 초점을 맞추어야 할 것입니다.

결론적으로 말씀드리면 계획수립은 효과적 업무수행을 위한 기본이기에 매우 중요한 것이 사실이나, 상황에 따라 융통성도 발휘해야 한다고 생각합니다.

 이것만은 꼭!
- LRM 답변기법을 활용해라.

Q. 우리가 살고 있는 사회는 살 만한 곳이라고 생각하는가?

① Y   ② N

1. 사회문제 발생의 원인이 무엇이라고 생각하는가?

☆ BEST ☆

사회문제는 실업, 범죄, 노동 등 그 범주가 다양하겠지만, 발생원인은 크게 두 가지로 개인적 요인과 제도적 요인으로 나눌 수 있을 것입니다. 개인의 관점에서 생각해 본다면 대부분의 사회문제는 가치관의 차이, 이해관계의 차이, 혹은 일부 이기주의에서 비롯될 것입니다. 또한 제도적 관점에서 바라본다면 미비한 정책이나 법규가 주요 원인이 될 것입니다. 사회문제는 이러한 개인적 요인과 제도적 요인이 종합적으로 보완되어야 개선이 가능하다고 생각합니다.

 이것만은 꼭!
- SP 답변기법을 활용해라.
- 원인뿐만 아니라 개선점도 간략히 언급하면 보다 완성도 있는 답변이 된다.

2. 각종 사회문제들에 대한 해결이 가능하다고 생각하는가?

사회문제의 범주가 다양하기 때문에 이슈에 따라 해결가능성이 각기 다를 것입니다. 각종 규정 위반, 범죄 등의 사회문제는 개개인 대상 인식개선활동과 처벌강화와 같은 제도적 보완을 통해 어느 정도 발생 비율을 감소시킬 수 있다고 생각합니다.

하지만 높은 실업률, 집단이기주의, 이념 대립을 수반하는 사회구조적 문제들은 단기간 내에 해결하기 쉽지 않을 것입니다.

타 선진국의 사례를 반면교사(反面教師)로 삼고, 활용 가능한 부분은 적극적으로 도입해야 장기적 관점에서의 개선이 가능할 것이라고 생각합니다.

 이것만은 꼭!
 - LRM 답변기법을 활용해라.

Q. 당신보다 역량이 부족한 동료직원과 함께 일하는 것이 괜찮은가?

① Y   ② N

1. 당신보다 역량이 부족한 동료직원과 함께 일해도 괜찮은 이유가 무엇인가?

> ### ☆ BEST ☆
>
> 역량이 저보다 뛰어난 동료직원과 함께 일한다면 보다 효율적인 업무수행이 가능하고, 업무 진행 과정 중에 제가 성장할 수 있는 여지도 많을 것입니다. 하지만 경우에 따라 역량이 뛰어난 동료에 과의존하는 경향이 생길 수도 있고, 주체적 업무진행이 어려워질 수도 있을 것입니다.
>
> 반면, 역량이 저보다 부족한 직원과 함께 일하게 된다면 공동업무 진행이 다소 더딜 수 있겠으나 주체적으로 업무를 이끌어 나아가는 과정을 통해서 성장이 가능할 것입니다.
>
> 이처럼 주변인의 역량이 저에게 미치는 영향은 상대적이며, 상황에 따라 달리 작용하기에 동료직원의 역량보다는 스스로 역량을 키워 나아가는 데 집중하겠습니다.

 이것만은 꼭!
    – LRM 답변기법을 활용해라.

2. 당신보다 역량이 부족한 동료직원과 함께 일한 경험이 있는가?

☆ BEST ☆

글로벌 축제에서 홍보대사로서 대외활동을 진행할 당시, 외국인 고객들을 의전한 경험이 있습니다. 중요한 고객들이었기에 동선 파악부터 적절한 대화기법까지 철저한 준비가 필수적인 상황이었습니다.

문제는 어학능력이 부족한 동료들이 많았다는 것입니다. 상황을 해결하기 위해 의전 상황에서 꼭 필요한 문장을 뽑아내 정리하고, 적절한 팁까지 가르쳐 주었습니다. 이러한 노력의 결과로 성공적으로 행사를 마무리할 수 있었습니다. 돌이켜 보면 누군가를 가르쳐 주는 과정을 통해 제가 배운 것이 더 많은 경험이었습니다.

 이것만은 꼭!
- STAR-F 답변기법을 활용해라.
- 개별 질문에서 경험 베이스 질문은 광범위한 소재로 출제되므로 소소한 에피소드 정도면 답변소재로 충분하다.

당신은 규칙적으로 생활하는 편인가?

① Y   ② N

1. 규칙적으로 생활하는 것이 업무수행에 있어 중요하다고 생각하는가?

☆ BEST ☆

회사생활 역시 정해진 타임테이블 안에서 돌아가는 시스템이기에 규칙적인 생활이 큰 도움이 될 것이라고 생각합니다. 특히, 영업직무는 고객과 제품의 디테일한 부분까지 챙겨야 하는 업무가 많은 만큼 생활면의 규칙성이 업무상의 누락을 방지하는 데 도움이 될 것이라 믿습니다. 하지만 가끔은 스스로에게 휴식을 주는 여유도 필요하다고 생각합니다. 회사생활은 지속적으로 해 나아가야 하기 때문에 스스로를 규칙이라는 틀 안에 가두게 되다 보면 금방 방전되고 말 것이기 때문입니다. 따라서 장기적 관점 아래에서의 규칙적 생활이 필요하다고 생각합니다.

 이것만은 꼭!
　－ LRM 답변기법을 활용해라.

2. 규칙적으로 생활하지 않는 후배에게 뭐라고 이야기할 것인가?

☆ BEST ☆

저는 크게 조직융화적 관점과 개인적 관점에서 각각 이야기를 할 것 같습니다. 먼저 조직융화 차원에서는 최근에 있었던 이슈를 이야기하겠습니다. 최근 사내의 불성실한 근태 문제가 수면 위로 떠오른 상황에서 지각이 반복되면 조직 분위기가 악화될 것이며, 자율성에 대한 제약도 증가할 것임을 인지시켜 주겠습니다.

동시에, 개인적 관점에서는 건강에 대해 이야기하겠습니다. 늦게 잠자리에 들고, 불규칙하게 식사하는 습관이 지속되다 보면 건강에 악영향을 미칠 것이라는 이야기를 진심을 담아 이야기하겠습니다.

 이것만은 꼭!

– SP 답변기법을 활용해라.

– 실제 대화하는 방식 혹은 설명형 방식 모두 활용이 가능하다.

Q. **사소한 규칙은 어겨도 된다고 생각하는가?**

① Y   ② N

1. 사소한 규칙을 지키는 것이 중요하다고 생각하는가?

☆ BEST ☆

사소한 규칙을 지킨다는 것은 단순히 도덕적으로 행동한다는 것을 넘어서, 중요한 규칙이나 규범까지 준수하기 위한 자세와 습관에 영향을 미치는 중요한 부분이라고 생각합니다. 당장 규칙을 어김으로 인해 단기적 이득은 얻을 수 있겠으나, 장기적 관점에서는 개인과 조직에 피해가 가는 결과를 야기할 것입니다.

하지만 분명 예외케이스도 있을 것입니다. 생명이 경각에 달린 긴박한 상황이라면 사소한 규칙쯤은 어기고 병원에 빨리 도달하는 것이 맞다고 생각합니다.

이렇듯 일반적인 상황이라면 당연히 규칙을 준수해야 하나, 상황에 특수성에 따라 융통성도 발휘해야 한다는 생각을 갖고 있습니다.

 이것만은 꼭!
- LRM 답변기법을 활용해라.

2. 최근에 사소한 규칙을 어긴 경험이 있는가?

☆ BEST ☆

인턴 시절 사소하다면 사소한 규칙을 어긴 적이 있습니다. 회사 내 정해진 점심시간은 12시 정각이었지만 대부분의 직원이 15분 전부터 자리를 뜨고는 했습니다. 인사팀에서 항상 '점심시간을 지키도록' 공지했지만, 이를 신경 쓰는 직원은 없었습니다. 저 역시 잠시 고민은 했지만 자연스럽게 15분 일찍 점심시간을 시작하고는 했습니다.

올바른 조직문화의 시작은 조그만 규칙을 지켜 나아가는 것이라고 생각합니다. 입사 후, 신입사원으로서 당장 할 수 있는 일은 많지 않겠지만, 차근차근 불합리한 요소는 변화시켜 나아가도록 노력하겠습니다.

 이것만은 꼭!
- STAR-F 답변기법을 활용해라.
- '규칙을 어긴 경험'은 정도(正道)를 행하지 않은 것이기 때문에 Action 파트의 비중이 줄어드는 것은 자연스러운 현상이다.

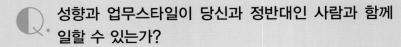

Q. 성향과 업무스타일이 당신과 정반대인 사람과 함께 일할 수 있는가?

① Y   ② N

1. 성향과 업무스타일이 당신과 정반대인 사람과 함께 일할 수 있다고 생각한 이유는 무엇인가?

☆ BEST ☆

저와 모든 면에서 정반대인 사람과 함께 일하는 것이 쉽지만은 않을 것입니다. 업무 진행 과정 속에서 의견차로 인한 트러블이 발생할 수도 있고, 합의점을 도출해 내는 데 오랜 시간이 소요될 수도 있습니다.

하지만, 반대로 생각하면 이는 저와 전혀 다른 새로운 시각을 경험할 수 있는 기회기이도 하며, 토의 과정을 통해 새로운 결과물을 만들어 낼 수도 있을 것입니다.

조직에서의 업무는 다양한 사람들이 모여 간극을 조율하는 과정이라고 생각합니다. 이러한 조직의 특성을 살려 여러 의견을 통해 새로운 시너지를 낼 수 있도록 하겠습니다.

 이것만은 꼭!

– LRM 답변기법을 활용해라.

2. 그럼에도 불구하고 당신과 정반대인 사람과 업무진행이 어렵다면 그 이유는 무엇이겠는가?

☆ **BEST** ☆

크게 2가지 이유가 원인일 것이라고 생각합니다. 첫째, 서로의 입장을 이해하고 맞춰 나아가기 위한 충분한 노력이 선행되지 않았기 때문일 것입니다. 일방향적 노력보다는 양방향 차원에서의 적극적인 공감과 소통의 태도가 필요하다고 생각합니다.

둘째, 아직 시행착오 단계를 거쳐 가는 과정일 수도 있다고 생각합니다. 인간관계는 단순 계산으로 확정되지 않기 때문에 장기적 관점에서 지속적으로 노력해야 조금씩 변화가 나타날 것이라고 생각합니다.

 이것만은 꼭!

– SP 답변기법을 활용해라.

Q. 스스로를 감정기복이 있는 편이라고 생각하는가?

① Y   ② N

1. 감정상태가 업무에 영향을 미치는 것에 대해 어떻게 생각하는가?

☆ **BEST** ☆

> 개인감정이 업무에 반영되는 것은 최대한 지양해야 할 것입니다. 다운된 기분이 일에서까지 영향을 미친다면 업무효율이 저하될 뿐만 아니라, 함께 일하는 직원들에게도 부정적인 영향을 줄 것이기 때문입니다.
> 하지만 인간의 감정이라는 것은 마음먹은 대로 컨트롤이 어려운 것이 현실입니다.
> 따라서 업무를 진행함에 있어 개인감정은 최대한 배제하도록 노력하되, 심각한 상황에서는 연차나 휴가를 활용하여 리프레쉬하고 재충전의 시간을 갖는 방법도 필요하다고 생각합니다.

 이것만은 꼭!

　－ LRM 답변기법을 활용해라.

2. 중요한 일을 앞두고, 좋지 않은 감정상태에 영향받지 않을 수 있는 자신만의 방법을 말해 보시오.

☆ BEST ☆

저는 크게 3가지 차원에서 접근합니다. 첫째, 해결책을 찾으려고 합니다. 문제 원인 분석을 바탕으로, 근본적인 해결을 위해 부단히 노력합니다.

둘째, 좋아하는 일에 집중합니다. 맛집을 가거나 영화를 보며 기분을 전환하기 위해 제가 집중할 수 있는 다른 일에 전념합니다.

마지막으로 시간을 갖습니다. 일에 계속 매달리게 되다 보면 업무효율이 저하되고 감정 개선에도 오랜 시간이 걸릴 것입니다. 하루 정도 푹 쉬면서 생각을 정리하고 있습니다.

 이것만은 꼭!
- SP 답변기법을 활용해라.

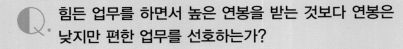

Q. 힘든 업무를 하면서 높은 연봉을 받는 것보다 연봉은 낮지만 편한 업무를 선호하는가?

① Y   ② N

1. 힘든 업무를 선호하는 이유는 무엇인가?

☆ BEST ☆

먼저 성향의 관점에서 말씀드리겠습니다. 저는 대학 시절부터 스스로를 채찍질하며 바쁜 일상을 보내왔습니다. 조금은 도전적인 목표를 달성하기 위해 노력하는 과정 자체가 저에게는 보람이었고, 성취였습니다.

또한, 저의 가치관 역시 그러합니다. 사회초년생 시기는 편안함을 찾고 안주하기보다는 도전하고 성장해야 하는 시점이라고 생각합니다. 이를 통해 맡은 업무의 전문가로 성장할 수 있을 것입니다.

 이것만은 꼭!
– SP 답변기법을 활용해라.

2. 친한 친구가 연봉은 낮지만 편한 업무를 선호한다고 말한다. 친구에게 어떤 이야기를 하겠는가?

업무강도와 보수에 대한 관점은 매우 다양할 것입니다. 높은 업무강도와 보수를 선호하는 사람은 성취지향적일 가능성이 높으며, 그 반대의 케이스는 자기계발이나 가정에 더 무게중심을 둘 것입니다. 어느 하나가 맞고 다른 것은 틀리다고 할 수 있는 문제가 아니라고 생각합니다.

다만, 양극단으로 과도하게 치우치기보다는 적절한 합의점을 찾아 나아가야 할 것입니다. 친구에게 제가 갖고 있는 이러한 생각을 이야기하겠습니다.

 이것만은 꼭!
- LRM 답변기법을 활용해라.
- 상황에 따라 SP 답변기법도 활용이 가능하다.

PART 2

핵심 면접 질문 공략하기

04. 빈출 질문

이번 영역에서 제시되는 질문은 그야말로 자주 출제되는 질문들만 모은 것이다. 소개하는 질문들의 답변 컨셉과 접근법을 익혀두면, 여러 유형에서 활용도가 높을 것이다. 가치판단이 필요한 질문들은 주로 '심층 구조화 질문(개인 맞춤형 질문)'에서 출제되며, 특수한 상황이 배경이 되는 질문들은 '상황 제시형 질문'에서 등장한다.

입사 후, 업무상의 목표나 포부를 묻는 질문도 기출문항이므로 본인만의 답변을 철저히 준비하고 면접에 임하기 바란다. 여기에서 소개하는 질문들과 답변을 익혀두면 AI면접뿐만 아니라 대면면접에서도 분명 도움이 될 것이다.

질문 브리핑(Question Briefing)

유형 1   '심층 구조화 질문(개인 맞춤형 질문)'

- 지원한 직무에서 구체적으로 어떤 업무를 맡고 싶은가?
- 좋아하는 일과 잘하는 일 중 어떤 일을 하고 싶은가?
- 인간관계에서 가장 중요한 것이 무엇이라고 생각하는가?
- 감명 깊게 읽은 책이 있는가?

유형 2   '상황 제시형 질문'

- 지원한 직무와 다른 직무에 배치된다면 어떻게 하겠는가?
- 업무 도중에 자녀가 많이 아프다는 연락을 받는다면 어떻게 하겠는가?
- 싫어하는 사람과 같이 일을 하게 된다면 어떻게 하겠는가?
- 팀 사람들이 여유 있게 일하면서 야근을 한다면 어떻게 하겠는가?
- 팀장이 개인적인 일을 계속해서 시킨다면 어떻게 하겠는가?
- 입사 후 잔심부름만 하게 된다면 어떻게 하겠는가?

빈출 질문

Q. 지원한 직무에서 구체적으로 어떤 업무를 맡고 싶은가?

채용담당자의 답변 **TIP**

지원한 직무 중에서도 구체적으로 어떤 업무를 하고 싶은지를 묻는 것이다. 즉, 인사직무를 지원하는 지원자라면 '인사직무 중에서도 평가 업무에 초점을 맞추고 싶고, 그 이유는 무엇이다.'라는 답변이 나와야 하는 것이다. 본인이 하고 싶은 업무에 대한 구체적 계획이 있는 지원자가 더 간절해 보이기 마련이다.

Worst

저는 어떤 업무든 맡겨만 주시면 최선을 다할 준비가 되어 있습니다.
저는 홍보팀에서 가능한 많은 업무를 배워서 성장하고자 하는 목표가 있기 때문에 어떤 업무로 시작하는지는 크게 중요하지 않다고 생각합니다. 더군다나 제가 맡게 될 업무는 선배님들 업무분장 결과에 따라 결정지어질 것이라고 예상됩니다. 하고 싶은 업무를 꼽는 것보다는 주어진 역할에 최선을 다하겠습니다.

저는 식품관에서 업무를 시작하고 싶습니다.

백화점 매출은 식품관 고객이 좌우한다는 말도 있듯이, 식품관에서의 소비가 타 층에서의 소비로 이어지는 경우가 많다고 생각합니다. 식품관이 매출 발생의 시작점인 만큼 관리하고 신경 써야 할 부분도 많을 것이라고 생각합니다. 업무적으로 더 고될지라도 많이 배울 수 있고 성장해 나갈 여지가 많은 곳에서 업무를 시작하고자 하는 것이 저의 목표입니다.

 이것만은 꼭!

– 직무 그 자체보다 한 단계 더 나아가 하고 싶은 업무가 있어야 한다.
– 답변이 직무와 산업에 대한 지원자의 관심도를 나타낸다.

연계질문

– 지원한 직무와 다른 직무에 배치된다면 어떻게 하겠는가?

Q. 좋아하는 일과 잘하는 일 중 어떤 일을 하고 싶은가?

채용담당자의 답변 **TIP**

무엇을 선택하느냐에 따라 평가가 달라지지는 않는다.

다만 한 가지를 선택하고 그 이유가 명확해야 하며 논리적이어야 한다. 자신만의 가치관을 갖고 있는지 확인하고자 하는 것이 질문의 의도이다. 개인적으로 추천 하는 답변은 어떠한 선택이 됐든 직무와 연관을 짓는 것이다. 좋아하는 일 혹은 잘하는 일을 함으로써 최고의 성과를 내겠다는 열정을 보여줘도 좋다. 신입사원 을 뽑는 이유는 업무에 있음을 잊지 말기 바란다.

Worst

> 저는 제가 좋아하는 일을 하고 싶습니다.
> 좋아하는 일을 할 때 스트레스도 덜 받고 즐길 수 있기 때문입니다. 제가 좋아하는 것은 여행, 쇼핑, 요리 등입니다. 퇴근 후에는 제가 좋아하는 일을 하면서 시간을 보내고 싶은 목표도 있습니다. 이를 통해서 스트레 스도 해소할 수 있고, 회사도 잘 다닐 수 있을 것이라고 생각합니다.

저는 제가 잘할 수 있는 일을 하고 싶습니다.

제 회사생활의 목표 중 하나는 제가 맡은 업무범위 안에서 최고의 성과를 내는 것입니다. 저의 목표를 달성하기 위한 가장 좋은 루트는 잘하는 일에 매진하는 것이라고 생각합니다. 저는 영업직무를 수행하면서 저의 강점인 대인관계 능력을 극대화하여 업무에 적용하고 싶습니다. 이것이 제가 여러 직무 중에 영업직무를 선택하고, 지금 이 자리에 있는 이유이기도 합니다. 좋아하는 일은 취미로 즐기겠습니다.

 이것만은 꼭!
– 선택 자체가 평가에 영향을 미치지 않는다.
– 명확한 자신만의 가치관을 갖고 있어야 한다.
– 직무와 연계하여 답변하라.

 연계질문
– 본인이 잘할 수 있는 일은 어떤 분야인가?

Q. 인간관계에서 가장 중요한 것이 무엇이라고 생각하는가?

조직생활에서는 업무만큼이나 인간관계 또한 중요하다. 기업에서 업무만 잘하는 직원은 반만 잘하는 것이나 마찬가지이다. 해당 질문은 '싫어하는 사람과 일하게 된다면 어떻게 하겠는가?'라는 질문과 일맥상통하는 질문이다. 같은 관점에서 답 변하면 되겠다. 가치관을 묻는 질문이니 만큼 이 질문에 대한 답변은 조금 추상 적으로 나올 수밖에 없는 것이 당연한 현상이다. 중요한 것은 팀원들 간의 소통, 융화, 협업에 중점을 두고 자신이 중요하게 생각하는 가치와 연관을 짓는 것이다.

Worst

다음 2가지 경우는 피하는 것이 좋다.
1. 업무적인 부분을 꼽는 답변
2. 조직 내 융화 측면과 연계시키지 못하고 가치만 제시하는 답변

인간관계에서 가장 중요한 가치는 '배려'라고 생각합니다.

서로 다른 환경에서 오랫동안 자라온 사람들이 한 공간에서 소통하게 되면 피치 못하게 의견 차이나 가치관의 차이가 생겨날 것입니다. 저는 '배려'하는 과정 속에서 이러한 차이를 좁힐 수 있다고 생각합니다. 그리고 더 나아가서 '배려'가 근간이 되어 팀 전체의 시너지 효과도 발생시킬 수 있을 것이라고 생각합니다.

 이것만은 꼭!
- 지원자가 조직 내에서 얼마나 잘 적응할 수 있을지 알아보고자 하는 질문이다.
- 가치를 제시하고 이를 조직 내 융화라는 측면과 결부시켜라.

 연계질문
- 본인이 싫어하는 사람은 어떠한 스타일인가?

Q. 감명 깊게 읽은 책이 있는가?

채용담당자의 답변   TIP

지원자의 평소 생각과 가치관을 파악하고자 하는 질문이다.

어떤 책을 이야기해야 할지가 가장 큰 고민일 것이다. 기업의 최종목적은 이윤창출이다. 이윤창출은 성공적인 경영을 통해 달성된다. 이러한 이유에서 사업이나 조직경영 차원에서 접근하기를 추천한다. 경영학자들 관련 서적이 답변하기 좋은 콘텐츠가 될 것이다. 경영학을 전공하지 않았더라도 기업에 입사하려는 지원자라면 꼭 필요한 식견이기 때문이다.

이 질문에 대한 답변도 규칙이 있다. "OOO 작가가 쓴 OOO라는 책을 읽었습니다."로 답변을 시작해라. 제목만 말하는 것이 아니라 작가에 대한 소개도 더함으로써 관심도와 논리성을 높일 수 있다.

Worst

제가 감명 깊게 읽은 책은 『삼국지』입니다. 어려서부터 5회 이상 반복해서 읽었을 만큼 저에게 익숙한 책입니다. 여가시간을 보낼 때는 물론, 리프레쉬가 필요할 때도 저는 항상 삼국지를 곁에 두었습니다.

책을 읽으면서 스트레스 해소뿐만 아니라, 난세의 영웅들이 지략을 펼치며 승리해가는 과정 속에서 삶의 지혜도 얻을 수 있었습니다. 옛말에 삼국지를 3번 이상 읽은 사람은 상대하지 말라고 하였습니다. 반복해서 읽어 저의 역량을 키워나가도록 하겠습니다.

저는 이와사키 나쓰미라는 작가가 쓴 『만약 고교야구 여자 매니저가 피터드러커를 읽는다면』이라는 책을 감명 깊게 읽었습니다. 이 책의 핵심은 주인공이 피터드러커의 경영철학을 바탕 삼아 야구팀을 성공적으로 이끌어 나간다는 내용입니다.

제가 여기서 가장 공감했던 것은 "혁신"이라는 피터드러커의 경영 철학이었습니다. 저는 어느 조직이든 가장 중요한 것은 지속적인 변화와 혁신이고, 이를 통해 시장에서 경쟁력을 갖춘다는 생각을 갖고 있습니다. 저는 이러한 것을 이루어 내기 위해 스스로부터 끊임없이 혁신해 나가는 신입사원이 되겠습니다.

 이것만은 꼭!
– 답변은 작가에 대한 언급과 함께해라.
– 삼국지와 같이 누구나 언급할 만한 책은 좋은 답변소재가 아니다.
– 조직경영이나 사업관련 요소를 담은 책을 추천한다.

🔗 **연계질문**
– 언급한 작가의 다른 책도 읽어 본 경험이 있는가?

Q. 지원한 직무와 다른 직무에 배치된다면 어떻게 하겠는가?

채용담당자의 답변 **TIP**

지원한 직무와 다른 직무로 합격하는 경우가 실제로 많이 발생한다. 전형과정에서 변경되는 경우도 있지만 합격 후, 인력 배치 면담과정을 거치면서 직무변경이 일어나기도 한다. 이렇듯 직무변경은 누구에게나 일어날 수 있는 일이다.

그 이유는 다양하다. 조직개편 시점과 맞물려 인력공백이 생겨 조정이 되는 경우도 있을 것이고, 인사담당자가 지원자의 역량을 더 잘 발휘할 만한 분야를 찾았기 때문일 수도 있다.

이러한 질문은 지원자의 직무에 대한 열정을 확인하기 위한 목적도 포함되어 있다. 그렇기 때문에 "맡게 된 직무에서 가시적인 성과를 낸 후, 지원한 직무에도 도전해 보고 싶다."라는 발언을 꼭 더하기 바란다.

Worst

다음 3가지 경우는 꼭 피하기를 바란다.

1. 어떤 직무든 시켜만 주면 최선을 다하겠다는 답변
2. 자신이 지원한 직무만 고집하는 답변
3. 직무가 변경될 수 있는 배경을 누락한 채 결론만 이야기하는 답변

제가 영업직무를 선택한 이유는 제가 좋아하고 동시에 잘할 수 있는 일이라고 판단했기 때문입니다. 인턴을 통한 실무 경험이 이러한 판단의 근거가 되었습니다.

그럼에도 직무가 변경된다면 그것은 조직의 현황과 저의 성향을 종합적으로 고려하여 결정된 사안일 것이라고 생각합니다. 생각하지 못했던 분야에 새로이 도전한다는 마음가짐으로 주어진 업무에서 최선을 다하겠습니다. 맡은 분야에서 눈에 띄는 성과를 낸 후에 영업 업무도 수행해 보고 싶습니다.

 이것만은 꼭!
– 직무변경은 조직 내에서 흔하게 일어난다.
– 기존에 지원한 직무도 향후에 수행해 보고 싶다는 마음을 드러내라.

🔗 **연계질문**
– 지방으로 배치를 받는다면 근무가 가능하겠는가?

Q. 업무 도중에 자녀가 많이 아프다는 연락을 받는다면 어떻게 하겠는가?

채용담당자의 답변 TIP

돌발 상황에서 어떻게 대처할지를 알아보고자 하는 질문이다.

개인적으로 중요하고 위급한 일이 발생했을 때 회사에서 묵묵히 일하는 것은 합리적인 태도가 아니다. 실제로 그러한 상황에서는 일에 집중하지 못하는 것이 정상적인 현상이다. 이때는 연차나 외출을 사용하여 개인적인 일을 해결하면 된다. 중요한 것은 급한 업무 등이 맞물려 있을 때의 대처 방식이다. 선후배에게 양해를 구하고 나중에 보답하는 과정들이 조직 내에서의 협업이다. 이러한 협업 과정까지 언급해 주면 만 점짜리 답변이 된다.

Worst

저는 공적인 일이 사적인 일보다 우선되어야 한다고 생각합니다.

그렇기 때문에 입사하게 된다면 회사에서의 업무를 그 어떤 것보다 우선으로 삼아야 한다고 생각하고 있습니다. 개인적인 사정이 없는 직원은 없을 것입니다. 저 역시 개인사정이 있을지라도 회사에서 업무를 어떻게든 끝내고 자녀에게 달려가겠습니다. 다른 동료에게 피해를 주기보다는 제가 할 역할은 다해야 한다고 생각하기 때문입니다.

그러한 연락을 받는다면 걱정이 많이 될 것 같습니다.
솔직히 업무에 온전히 집중하기 힘들 것 같습니다. 그렇기 때문에 팀장님께 전후사정을 설명하고 외출을 사용할 것 같습니다. 급한 업무가 있다면 동료에게 사정을 이야기하고 부탁을 하겠습니다. 그런 후에 자녀를 병원까지 데려다 주고 어느 정도 안정을 찾으면 회사로 돌아와서 업무를 마무리하겠습니다. 저의 사정 때문에 수고해준 동료에게는 고맙다는 인사와 함께 밥 한 끼라도 꼭 사도록 하겠습니다.

 이것만은 꼭!
– 개인적으로 중요한 일이 생겼을 때, 이를 업무보다 먼저 해결해야 하는 것은 당연한 행동이다.
– 중요한 것은 직면한 업무를 합리적으로 해결하고 가는 절차이다.

연계질문
– 개인 시간을 내어 타인의 부탁을 들어준 경험이 있는가?

Q. 싫어하는 사람과 같이 일을 하게 된다면 어떻게 하겠는가?

채용담당자의 답변 TIP

'회사는 선택할 수 있어도 같이 일할 사람은 선택할 수 없다.'라는 말이 있다.

조직에서 싫어하는 사람과 일하게 되는 일은 빈번하게 발생한다. 회사에는 상상 이상으로 다양한 사람들이 존재하기 때문이다.

가장 좋은 방법은 서로 다른 사람이 모인 조직이기 때문에 이러한 상황이 일어날 수 있다는 것을 인정하는 것이다. 상황을 미리 인지하고 있는 것과 그렇지 않은 것은 차이가 크다. 이를 인지한 상태에서 타인과 맞춰 나가고자 하는 의지와 노력을 이야기해라.

Worst

> 저는 어려서부터 친화력 하나만큼은 최고라는 이야기를 듣고 자랐습니다. 싫어하는 사람이 있더라도 친하게 지낼 자신이 있습니다. 같은 팀 내에서 일한다면 누군가를 싫어하는 관계가 있어서는 안 된다고 생각합니다. 저의 성향과 역량을 발휘해서 단합될 수 있는 팀과 조직을 만들어 나가도록 하겠습니다.

먼저 제가 그 사람의 어떤 면을 싫어하고 있는지 생각해 보겠습니다. 대부분의 경우에 그 원인은 나와 다른 성향 때문일 것으로 판단됩니다. 생각해 보면 이질적인 환경에서 자라온 사람들 간에 가치관 차이가 생겨나는 것은 당연한 일이라고 봅니다. 이러한 부분을 인정하고 최대한 맞춰 나가려고 노력하는 것이 우선일 것이라고 생각합니다.

 이것만은 꼭!

– 기업이라는 조직은 서로 다른 성향의 사람들이 모인 곳이다.

– 싫어하는 사람은 언제 어디서든 존재할 수 있다.

– 중요한 것은 이러한 상황을 인지하고 맞춰 나가려는 노력을 보여주는 것이다.

– 이상적인 이야기보다 현실적으로 답변하라.

🔗 **연계질문**

– 어떠한 성향의 사람을 싫어하는가?

빈출 질문

Q. 팀 사람들이 여유 있게 일하면서 야근을 한다면 어떻게 하겠는가?

채용담당자의 답변   TIP

직무별, 부서별 업무의 특성에 따라 업무스타일이 다를 수 있다.

신입사원의 역할은 조직에 빠르게 적응하고 업무를 습득해 나가는 것이다. 그 과정을 통해 부서의 업무적 특성과 부서를 둘러싼 요인들을 파악할 수 있다. 그렇기 때문에 이 질문에 대한 답변은 '빠른 적응'이 첫 번째로 나와야 한다. 조직이 갖고 있는 업무스타일에 대해 판단할 수 있는 눈이 생긴 후에 개선과 발전을 위한 노력이 시작되어야 한다.

Worst

저는 개선이 필요한 부분이 있다면 적극적으로 해결해 나가야 한다고 생각합니다.

새로운 시각으로 부서의 현 상황을 바라보는 것은 신입사원인 저만이 할 수 있는 일이라고 생각합니다. 팀장님과의 면담이나 다른 방법을 통해 제가 느낀 부분에 대해 적극적으로 이야기하고 다른 사원들과 합심하여 개선점을 찾아 나가도록 하겠습니다.

처음 입사하여서는 부서에 빠르게 적응하는 것이 무엇보다 중요하다고 생각합니다.

적응해 가는 과정에서 우리 부서는 왜 그러한 형태로 업무가 진행되고 있는지 파악할 수 있을 것이기 때문입니다. 일과시간에 여유가 있다는 것은 고객사의 스케줄 등 여러 가지 외부변수의 영향 때문일 것이라고 생각합니다.

빠르게 업무를 파악하고 환경 분석을 진행한 후에 개선이 필요하다고 느껴지는 부분에 대해서 저의 의견을 적극적으로 내보도록 하겠습니다.

 이것만은 꼭!
- 부서의 업무스타일을 파악하기 위해서는 조직에 빠르게 적응하는 것이 우선이다.
- 판단 기준이 생긴 후에 문제가 있다고 느끼면 개선을 시도해야 한다.
- 부서의 현 상황을 신입사원의 패기만으로 개선해 나가고자 하는 태도는 합리적이지 못하다.

연계질문
- 근로시간 단축 정책에 대해 어떻게 생각하는가?

Q. 팀장이 개인적인 일을 계속해서 시킨다면 어떻게 하겠는가?

채용담당자의 답변 **TIP**

조직에서 실제로 많이 발생하는 일이다.

문제는 실질적인 해결방안이 없다는 것이다. 팀장이 직원에 대한 평가권을 쥐고 있기 때문이다. 그래서 현실에서는 개인적인 일일 지라도 군말 없이 시키는 대로 하는 경우가 많다.

하지만 면접에서의 답변은 달라야 한다. 팀장의 지시를 따르고 존중하되, 개선방안을 모색하려는 노력이 묻어나야 한다. 최악의 답변은 무조건 시키는 일은 다 하겠다는 식의 발언이다.

Worst

저는 팀장님의 개인적인 일도 업무의 연장이라고 생각합니다.
어떤 일을 시키시든 따를 준비가 되어 있습니다. 팀장님의 개인적 문제를 해결해 나가는 것도 팀의 발전을 위한 일이라고 생각하기 때문입니다.

업무를 진행하다 보면 개인적인 일과 공적인 일의 경계가 애매모호한 경우도 많을 것이라고 생각합니다. 이러한 경우에 일의 성격을 스스로 구분짓는 것은 큰 의미가 없을 것이라고 생각합니다. 저에게 주어진 일을 해나가겠습니다.

다만 지극히 개인적인 일이 계속해서 주어진다면 난처할 것도 같습니다. 적극적으로 도와드리겠지만 이러한 상황이 계속되어 업무에 지장을 주는 경우에는 선배와 상담을 해 보겠습니다. 혼자서만 해결하려 하기보다는 저의 상황을 이미 겪어온 분들과 이야기를 나누는 것이 도움이 될 것이라고 생각하기 때문입니다.

 이것만은 꼭!
– '어떤 지시든 따르겠다.'라는 답변은 질문의 의도를 파악하지 못한 것이다.
– 개선방안을 모색하려는 노력이 묻어나야 한다.

연계질문
– 팀장이 부당한 일을 시키면 어떻게 할 것인가?

Q. 입사 후 잔심부름만 하게 된다면 어떻게 하겠는가?

채용담당자의 답변   **TIP**

취업준비생들과 대화를 하다보면 회사생활에 대한 환상을 갖고 있는 것을 느끼게 된다.

새로운 아이디어를 제안하고 기획, 실행하며 회사 발전에 이바지하는 자신의 모습을 많은 구직자들이 그리고 있다. 그것이 바로 신입사원의 열정이자 패기이다.

하지만 현실은 이상과는 다르다. 입사 초기에 실제로 주어지는 일은 자료 조사나 복사 등 하찮은 일들일 수 있다. '이러한 일을 하기 위해 내가 대학을 다녔나?'라는 회의감이 들 수도 있고, 실제로 이 과정에서 많은 신입사원이 퇴사를 하기도 한다.

질문의 의도는 바로 이것이다. 묻고자 하는 바는 "입사 후에 하게 될 일이 당신이 기대한 것과 다를 수 있는데 괜찮나요?"로 해석할 수 있다. 여기에 대한 답변은 "그러한 상황을 예상하고 있고, 내가 해야 한다는 생각을 갖고 있다."라는 것으로 시작해야 한다. 장기적인 목표까지 추가하여 답한다면 더더욱 좋다.

Worst

저는 어떤 업무가 주어지든 무조건 열심히 하겠습니다.

군말 없이 주어진 업무에 임하는 것이 군대생활을 통해 습득한 저의 가장 큰 장점입니다. 업무의 내용이 중요한 것이 아니라 일을 하는 것, 그 자체가 의미 있다고 생각하기 때문에 열심히 하도록 하겠습니다. 믿고 맡겨주십시오.

회사에서 누군가 해야 할 일이 있다면 당연히 신입사원인 저의 역할이라고 생각합니다.

본연의 업무 이외에도 잡무라 할 수 있는 부분도 많을 것이고, 이것은 제가 해야 한다고 생각합니다. 그리고 이러한 역할들이 조직에 적응해 나가는 하나의 과정이라고 생각합니다.

저는 주어지는 일을 해나가면서 남들과는 다른 관점에서 새로운 시도를 해 보려는 노력을 하겠습니다. 작은 일부터 변화를 주는 것이 혁신의 시작이라고 생각하며 그것은 신입사원인 저만이 할 수 있는 일이기 때문입니다.

 이것만은 꼭!

– 어떤 일이든 무조건 열심히 하겠다는 식의 발언은 지양하라.

– 잡무가 많을 것이라는 것을 예상하고 있고, 그것을 내가 해야 한다는 생각을 갖고 있다고 이야기하라.

연계질문

– 본인이 생각한 업무와 다른 일을 시킨다면 어떻게 하겠는가?

Check하기

☑️ 보상선호

'보상선호'는 시행하는 기업에 따라 상황 제시형 질문 뒤에 이어져 출제되기도 하고, 출제되지 않기도 한 영역으로, 주어진 상황에서 제시된 두 가지 선택지 중 자신이 더 선호하는 것을 택하는 방식으로 진행된다. 그리고 지원자의 선택에 따라 지급시점과 수령 금액이 변화되며, 계속 선택을 이어나가면 된다. 이를 통해 지원자가 현재에 더 가치를 두는 타입인지, 아니면 미래에 더 가치를 두는 타입인지, 또는 안전한 것을 더 선호하는 타입인지, 아니면 모험적인 것을 더 선호하는 타입인지 등 지원자의 가치관에 대해 확인하고자 한다.

유형예시) 다음 제시된 상황을 읽고 본인이 더 선호하는 것을 선택하시기 바랍니다.

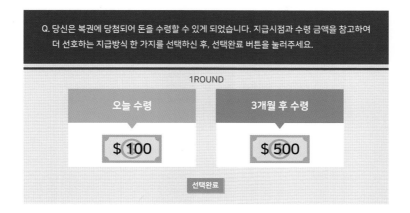

제시되는 두 가지 선택지 중 본인이 더 선호하는 쪽을 고르기만 하면 되는 단순한 유형이다. 보상선호는 정답이 없는 문제로, 인성검사와 같이 지원자의 성향을 파악하기 위한 유형이기에 솔직하게 임하기 바란다.

시간은 넉넉하게 주어지나 고민하고 생각해서 풀 만한 문제가 아니므로 직관적으로 조금이라도 더 선호하는 조건을 선택하면 되며, 실전에서 당황하지 않도록 어떤 형태로 문제가 제시되는지 파악하고 실제면접에 임하기 바란다.

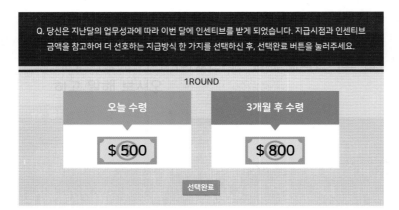

Q. 당신은 지난달의 업무성과에 따라 이번 달에 인센티브를 받게 되었습니다. 지급시점과 인센티브 금액을 참고하여 더 선호하는 지급방식 한 가지를 선택하신 후, 선택완료 버튼을 눌러주세요.

1ROUND

오늘 수령	3개월 후 수령
$ 500	$ 800

선택완료

1) 1ROUND에서 '오늘 수령'을 선택한 경우

2ROUND

오늘 수령	3개월 후 수령
$ 500	$ 850

3ROUND

오늘 수령	3개월 후 수령
$ 500	$ 900

4ROUND

오늘 수령	3개월 후 수령
$ 500	$ 1,000

1)-1 4ROUND에서 '3개월 후 수령'을 선택할 경우

5ROUND

오늘 수령	6개월 후 수령
$ 500	$ 1,000

6ROUND

오늘 수령	6개월 후 수령
$ 800	$ 1,000

7ROUND

오늘 수령	6개월 후 수령
$ 900	$ 1,000

2) 1ROUND에서 '3개월 후 수령'을 선택한 경우

2ROUND

오늘 수령	3개월 후 수령
$ 600	$ 800

3ROUND

오늘 수령	3개월 후 수령
$ 650	$ 800

4ROUND

오늘 수령	3개월 후 수령
$ 700	$ 800

5ROUND

오늘 수령	3개월 후 수령
$ 750	$ 800

2)-1 5ROUND에서 '오늘 수령'을 선택한 경우

6ROUND

오늘 수령	1개월 후 수령
$ 750	$ 800

7ROUND

오늘 수령	1개월 후 수령
$ 750	$ 900

8ROUND

오늘 수령	1개월 후 수령
$ 750	$ 1,000

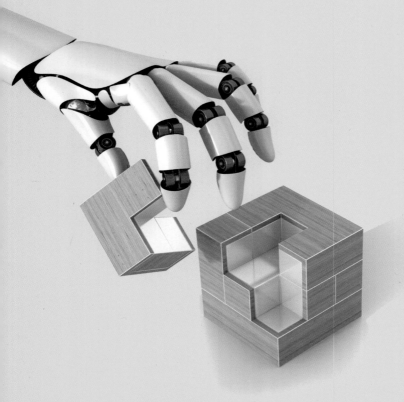

03

집중하라!
단순한 게임이 아니다!

게임 유형별 공략하기

PART 3

게임 유형별 공략하기

☑ 게임 접근법

AI면접에서는 다양한 유형의 게임이 출제되고, 이를 정해진 시간 내에 해결해야 한다. 게임이라고는 하지만 인적성 시험의 새로운 유형들이라고 볼 수 있으며, 이러한 이유에서 AI면접을 보는 경우, 인적성 시험 자체를 생략하는 기업도 증가하고 있다. AI면접이라고는 하지만 오히려 게임 문제풀이에 대한 비중이 상당하다. 실제 게임에서는 게임마다 진행방법에 대한 안내와 예시가 제시되므로, 이를 완벽히 이해하여 문제를 푸는 것이 중요하다.

콘텐츠 브리핑(Content Briefing)

유형 1 도형 옮기기

➡ 최소한의 이동횟수를 구하는 유형

유형 2 동전 비교

➡ 동전의 글씨 의미와 색깔의 일치 여부를 판단하는 유형

유형 3 무게 비교

➡ 시소를 활용하여 물체의 무게를 비교하는 유형

유형 4 N번째 이전 도형 맞추기

➡ N번째 이전에 제시되었던 도형을 기억하여 일치 · 불일치를 판단하는 유형

유형 5 분류코드 일치 여부 판단

➡ 도형 안 자음, 모음, 숫자와 분류코드의 일치 · 불일치를 판단하는 유형

유형 6 카드 조합 패턴 파악

➡ 카드의 조합을 통해서 패턴을 파악하여 결과를 예측하는 유형

유형 7 표정을 통한 감정 판단

➡ 인물의 표정을 보고 어떠한 감정 상태인지 판단하는 유형

유형예시) 기둥에 각기 다른 모양의 도형이 꽂혀져 있다. 왼쪽 기본 형태에서 도형을 한 개씩 이동시켜서 오른쪽 완성 형태와 동일하게 만들 때 최소한의 이동횟수를 고르시오.

기본 형태   완성 형태

① 1회   ② 2회   ③ 3회   ④ 4회   ⑤ 5회

해설 왼쪽 기둥부터 1~3번이라고 칭할 때, 사각형을 3번 기둥으로 먼저 옮기고, 삼각형을 2번 기둥으로 옮긴다. 그 후, 마름모를 3번 기둥으로 옮기면 된다. 따라서 정답은 ③번 '3회'이다. 이 정도 난이도의 문제는 짧은 시간 내에 파악이 가능해야 한다. 연습문제를 통해 다양한 형태의 문제를 접해 보고, 실전에 임하면 좋은 성적을 거둘 수 있을 것이다.

Solution

온라인으로 진행하게 되는 AI면접에서는 도형 이미지를 드래그하여 실제 이동 작업을 진행하게 된다. 문제 해결의 핵심은 '최소한의 이동횟수'에 있다. 문제가 주어지면 머릿속으로 도형을 이동시키는 시뮬레이션을 진행해 보고 손을 움직여야 한다. 해당 유형에 익숙해지기 위해서는 다양한 유형을 접해 보고, 가장 효율적인 이동경로를 찾는 연습을 해야 한다. 도형의 개수가 늘어나면 다소 난이도가 올라가므로 연습문제를 통해 유형에 익숙해지도록 하자.

기둥에 각기 다른 모양의 도형이 꽂혀져 있다. 왼쪽 기본 형태에서 도형을 한 개씩 이동시켜서 오른쪽 완성 형태와 동일하게 만들 때 최소한의 이동횟수를 고르시오. [1~8]

1번 문제

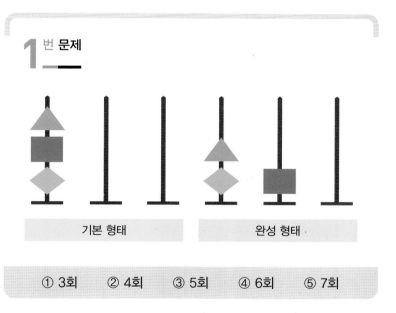

기본 형태   완성 형태

① 3회   ② 4회   ③ 5회   ④ 6회   ⑤ 7회

2번 문제

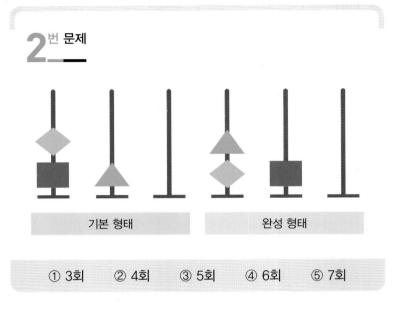

기본 형태   완성 형태

① 3회   ② 4회   ③ 5회   ④ 6회   ⑤ 7회

3번 문제

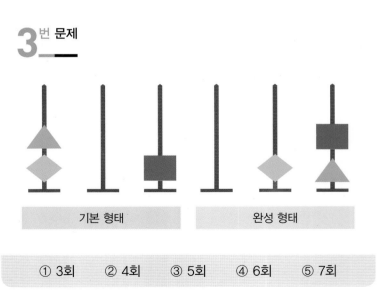

기본 형태   완성 형태

① 3회   ② 4회   ③ 5회   ④ 6회   ⑤ 7회

4^번 문제

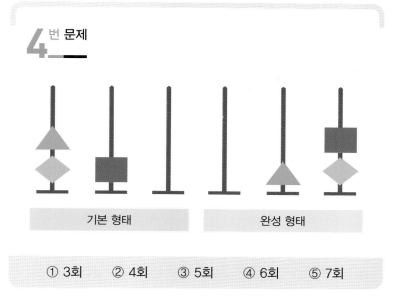

기본 형태   완성 형태

① 3회   ② 4회   ③ 5회   ④ 6회   ⑤ 7회

5^번 문제

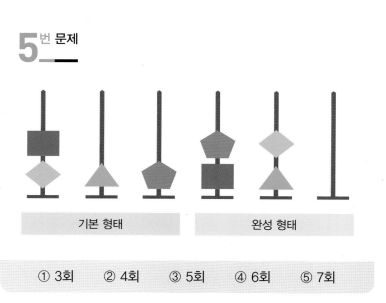

기본 형태   완성 형태

① 3회   ② 4회   ③ 5회   ④ 6회   ⑤ 7회

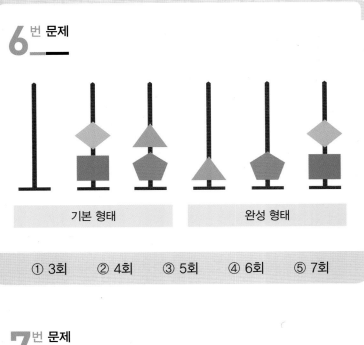

기본 형태   완성 형태

① 3회   ② 4회   ③ 5회   ④ 6회   ⑤ 7회

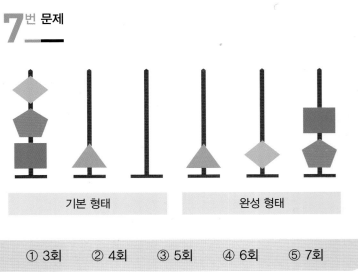

기본 형태   완성 형태

① 3회   ② 4회   ③ 5회   ④ 6회   ⑤ 7회

기본 형태   완성 형태

① 3회   ② 4회   ③ 5회   ④ 6회   ⑤ 7회

정답 1 ①, 2 ③, 3 ②, 4 ③, 5 ②, 6 ④, 7 ④, 8 ③

U2 동전 비교

Coin Comparison

유형예시) 두 개의 동전이 있다. 왼쪽 동전 위에 쓰여진 글씨의 의미와 오른쪽 동전 위에 쓰여진 색깔의 일치 여부를 판단하시오.

① 일치   ② 불일치

해설 왼쪽 동전 글씨의 '의미'와 오른쪽 동전 글씨의 '색깔' 일치 여부를 선택하는 문항이다. 위 문제에서 왼쪽 글씨의 색깔은 빨강이지만 의미 자체는 노랑이다. 오른쪽 글씨의 색깔은 초록이지만 의미는 파랑이다. 노랑과 초록이 일치하지 않으므로 정답은 ②번 '불일치'이다.

Solution

빠른 시간 내에 다수의 문제를 풀어내야 하기 때문에 혼란에 빠지기 쉬운 유형이다. 가장 좋은 풀이법은 오른쪽 글씨만 먼저 보고, 색깔을 소리 내어 읽는 것이다. 입으로 내뱉은 오른쪽 색깔이 왼쪽 글씨에 그대로 쓰여 있는지를 확인하도록 하자. 이러한 본인만의 접근법 없이 상황을 판단하다 보면 실수를 할 수밖에 없다. 연습 과정을 통해 유형에 익숙해지기 바란다.
① 오른쪽만 보고, 색깔을 소리 내어 읽는다.
② 소리 낸 단어가 왼쪽 글씨와 일치하는지를 확인한다.

두 개의 동전이 있다. 왼쪽 동전 위에 쓰여진 글씨의 의미와 오른쪽 동전 위에 쓰여진 색깔의 일치 여부를 판단하시오. [1~8]

1번 문제

노랑

10원

① 일치   ② 불일치

2 ^번 문제

2^번 문제

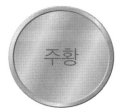 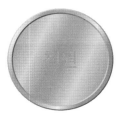

① 일치	② 불일치

3^번 문제

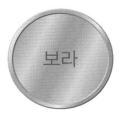 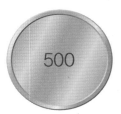

① 일치	② 불일치

4 번 문제

① 일치　　　　　　② 불일치

5 번 문제

① 일치　　　　　　② 불일치

6 ^{번 문제}

6^{번 문제}

① 일치   ② 불일치

7^{번 문제}

① 일치   ② 불일치

8^번 문제

① 일치   ② 불일치

정답 1②, 2①, 3①, 4①, 5②, 6①, 7①, 8②

U3 무게 비교

유형예시) A, B, C, D 4개의 상자가 있다. 시소를 활용하여 무게를 측정하고, 무거운 순서대로 나열하시오(단, 무게 측정은 최소한의 횟수로 진행해야 한다).

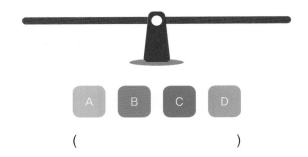

(   )

해설 온라인으로 진행하게 되는 AI면접에서는 제시된 물체의 이미지를 드래그하여 계측기 위에 올려놓고, 무게를 측정하게 된다. 비교적 쉬운 유형에 속하나 계측은 최소한의 횟수로만 진행해야 좋은 점수를 받을 수 있다.
측정의 핵심은 '무거운 물체 찾기'이다. 가장 무거운 물체부터 덜 무거운 순으로 하나씩 찾아 나아가야 하며, 이전에 진행한 측정에서 무게 비교가 완료된 물체들이 있다면, 그중 무거운 물체를 기준으로 타 물체와의 비교가 이루어져야 한다. 예시를 통해 문제풀이 프로세스를 파악하기 바란다.

① 임의로 두 개의 물체를 선정하여 무게를 측정한다.

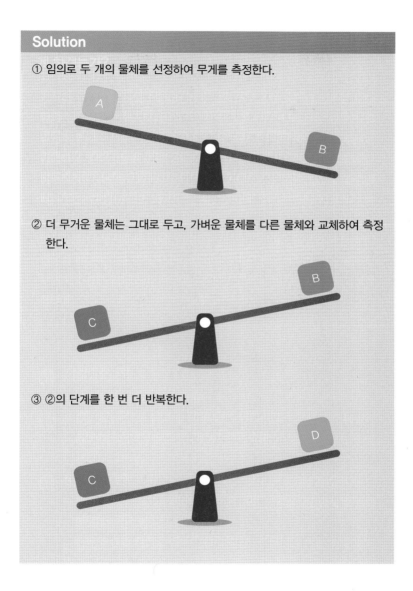

② 더 무거운 물체는 그대로 두고, 가벼운 물체를 다른 물체와 교체하여 측정한다.

③ ②의 단계를 한 번 더 반복한다.

④ 가장 무거운 물체가 선정되면, 남은 3가지 물체 중 2개를 측정한다.

- 가장 무거운 상자는 C로 결정됨
- 1단계 측정을 통해 A상자가 B상자보다 가볍다는 것을 알고 있기 때문에 A상자는 제외하고 B, D상자를 측정

⑤ 남아 있는 물체 중 무게 비교가 안 된 상자를 최종적으로 측정

정답 C>B>A>D (무거운 상자 순서)

04 N번째 이전 도형 맞추기

Shape Fitting

유형예시) 제시된 도형이 2번째 이전 도형과 모양이 일치하면 Y 를, 일치하지 않으면 N을 기입하시오.

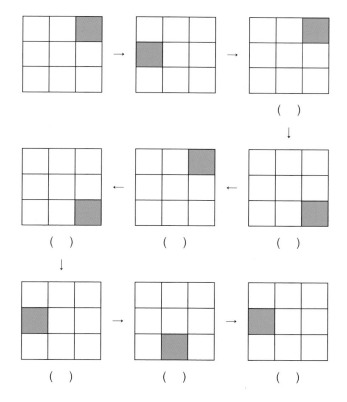

해설 N번째 이전에 나타난 도형과 현재 주어진 모양과의 일치 여부를 판단하는 문항이다. 제시된 문제는 세 번째 도형부터 2번째 이전의 도형인 첫 번째 도형과 비교해 나가면 된다. 따라서 진행순서를 기준으로 정답은 'Y → N → Y → Y → N → N → Y'가 된다.

Solution

온라인 AI면접에서는 도형이 하나씩 제시되며, 화면이 넘어갈 때마다 N번째 전 도형과의 일치 여부를 체크해야 한다. 만약 '2번째 이전'이라는 조건이 주어졌다면 인지하고 있던 전전 도형의 모양을 떠올려 현재 도형과의 일치 여부를 판단함과 동시에 현재 주어진 도형의 모양 역시 암기해 두어야 한다.

이는 판단과 암기가 동시에 이루어져야 하는 문항으로 난이도는 상급에 속한다. 순발력과 암기력이 동시에 필요한 어려운 유형이기에 접근조차 못하는 지원자들도 많다. 유일한 해결책은 끊임없는 연습을 통해 유형에 익숙해지는 것이다.

다음의 연습문제를 풀 때에는 여분의 종이를 활용하여 문제를 가린 상태에서 도형을 하나씩 순서대로 보면서 문제를 풀어나가기를 추천한다. 제시된 문제들을 활용해서 해당 유형에 대해 익숙해질 때까지 부단히 연습하기 바란다.

본 유형을 연습할 때에는 첫 번째 도형을 제외한 나머지 도형은 종이로 가린 채, 순서대로 도형을 하나씩 보면서 풀어나가도록 한다. 실제 AI면접에서는 화면이 빠르게 전환되므로 연습 시에도 가능한 빠르게 도형을 바꿔가며 진행한다.

1번 문제   제시된 도형이 2번째 이전 도형과 모양이 일치하면 Y를, 일치하지 않으면 N을 기입하시오.

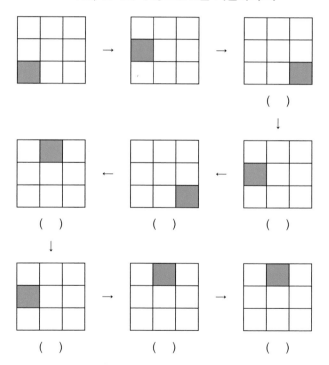

정답 N → Y → Y → N → N → Y → N (진행순서 기준)

2번 문제

2번 문제　　제시된 도형이 2번째 이전 도형과 모양이 일치하면 Y를, 일치하지 않으면 N을 기입하시오.

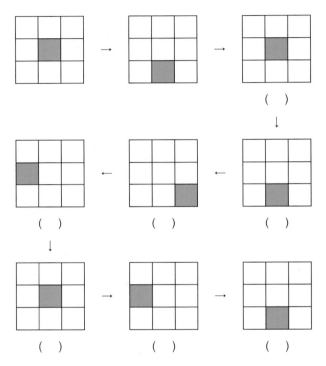

( )

↓

( )　　( )　　( )

↓

( )　　( )　　( )

정답 Y → Y → N → N → N → Y → N

3^번 문제

3 ━━ 제시된 도형이 3번째 이전 도형과 모양이 일치하면 Y를, 일치하지 않으면 N을 기입하시오.

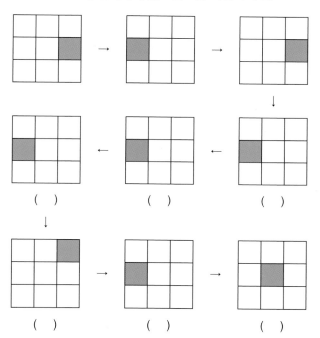

( )   ( )   ( )

( )   ( )   ( )

4번 문제

제시된 도형이 2번째 이전 도형과 모양이 일치하면
Y를, 일치하지 않으면 N을 기입하시오.

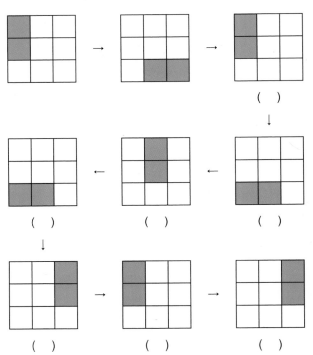

정답 Y → N → N → Y → N → N → Y

5번 문제

5번 문제   제시된 도형이 2번째 이전 도형과 모양이 일치하면
Y를, 일치하지 않으면 N을 기입하시오.

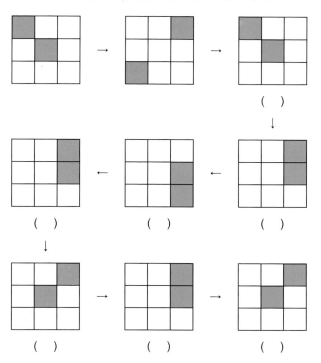

정답 Y → N → N → Y → N → Y → Y

6번 문제

제시된 도형이 2번째 이전 도형과 모양이 일치하면 Y를, 일치하지 않으면 N을 기입하시오.

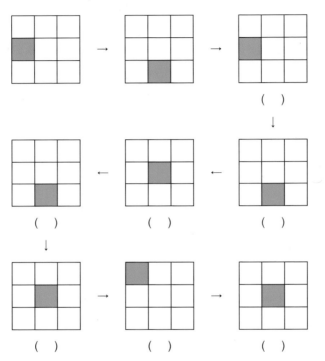

7번 문제 제시된 도형이 2번째 이전 도형과 모양이 일치하면
Y를, 일치하지 않으면 N을 기입하시오.

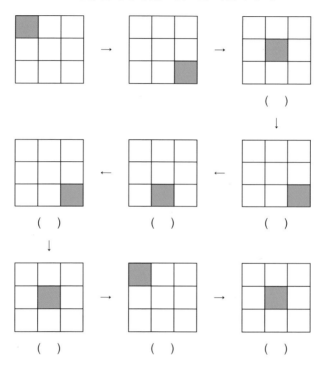

N → Y → N → Y → N → N → Y

유형예시) 도형 안에 쓰인 자음, 모음과 숫자와의 결합이 '분류코드'와 일치하면 Y를, 일치하지 않으면 N을 체크하시오.

분류코드 : 홀수
(Y / N)

해설 분류코드에는 짝수, 홀수, 자음, 모음 4가지가 존재한다. 분류코드로 짝수 혹은 홀수가 제시된 경우 도형 안에 있는 자음이나 모음은 신경 쓰지 않아도 되며, 제시된 숫자가 홀수인지 짝수인지만 판단하면 된다. 반대로, 분류코드로 자음 혹은 모음이 제시된 경우는 숫자는 신경 쓰지 않아도 된다. 예시문제에서 분류코드로 홀수가 제시되었지만, 도형 안에 있는 숫자 8은 짝수이므로 N이 정답이다.

Solution

개념만 파악한다면 쉬운 유형에 속한다. 문제는 순발력이다. 정해진 시간 내에 최대한 많은 문제를 풀어 나아가야 한다. 계속해서 진행하다 보면 쉬운 문제도 혼동될 수 있다. 연습문제를 활용하여 시간을 정해 빠르게 문제를 해결하는 연습을 반복하고 실전면접에 임하기 바란다.

1번 문제 도형 안에 쓰인 자음, 모음과 숫자와의 결합이 '분류코드'와 일치하면 Y를, 일치하지 않으면 N을 체크하시오.

(제한시간 : 22초)

① ㅂ3

분류코드 : 자음
(Y / N)

② ㅁ4

분류코드 : 홀수
(Y / N)

③ ㅏ6

분류코드 : 짝수
(Y / N)

④ ㄴ6

분류코드 : 홀수
(Y / N)

⑤ ㅕ2

분류코드 : 모음
(Y / N)

⑥ ㅗ1

분류코드 : 자음
(Y / N)

⑦ ㄴ5

분류코드 : 홀수
(Y / N)

⑧ ㅕ2

분류코드 : 짝수
(Y / N)

⑨ ㄱ1

분류코드 : 자음
(Y / N)

정답 ① Y, ② N, ③ Y ④ N, ⑤ Y, ⑥ N, ⑦ Y, ⑧ Y, ⑨ Y

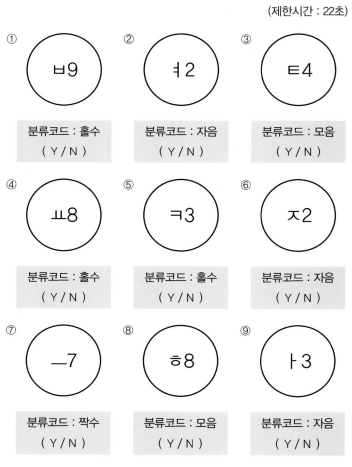

2번 문제   도형 안에 쓰인 자음, 모음과 숫자와의 결합이 '분류코드'와 일치하면 Y를, 일치하지 않으면 N을 체크하시오.

(제한시간 : 22초)

① ㅂ9

분류코드 : 홀수
(Y / N)

② ㅕ2

분류코드 : 자음
(Y / N)

③ ㅌ4

분류코드 : 모음
(Y / N)

④ ㅛ8

분류코드 : 홀수
(Y / N)

⑤ ㅋ3

분류코드 : 홀수
(Y / N)

⑥ ㅈ2

분류코드 : 자음
(Y / N)

⑦ ㅡ7

분류코드 : 짝수
(Y / N)

⑧ ㅎ8

분류코드 : 모음
(Y / N)

⑨ ㅏ3

분류코드 : 자음
(Y / N)

정답 ① Y, ② N, ③ N, ④ N, ⑤ Y, ⑥ Y, ⑦ N, ⑧ N, ⑨ N

3번 문제

3번 문제 도형 안에 쓰인 자음, 모음과 숫자와의 결합이 '분류코드'와 일치하면 Y를, 일치하지 않으면 N을 체크하시오.

(제한시간 : 22초)

① ㅗ5

분류코드 : 짝수
(Y / N)

② ㅕ3

분류코드 : 자음
(Y / N)

③ ㅓ7

분류코드 : 홀수
(Y / N)

④ ㅁ2

분류코드 : 짝수
(Y / N)

⑤ ㅔ1

분류코드 : 모음
(Y / N)

⑥ ㅌ9

분류코드 : 자음
(Y / N)

⑦ ㅂ2

분류코드 : 짝수
(Y / N)

⑧ ㅡ6

분류코드 : 자음
(Y / N)

⑨ ㄷ4

분류코드 : 모음
(Y / N)

정답 ① N, ② N, ③ Y, ④ Y, ⑤ Y, ⑥ Y, ⑦ Y, ⑧ N, ⑨ N

도형 안에 쓰인 자음, 모음과 숫자와의 결합이 '분류코드'와 일치하면 Y를, 일치하지 않으면 N을 체크하시오.

(제한시간 : 22초)

① ㅁ1

분류코드 : 모음
(Y / N)

② ㅈ2

분류코드 : 자음
(Y / N)

③ ㅑ9

분류코드 : 짝수
(Y / N)

④ ㅎ5

분류코드 : 자음
(Y / N)

⑤ ㅏ2

분류코드 : 짝수
(Y / N)

⑥ ㅇ4

분류코드 : 홀수
(Y / N)

⑦ ㅣ9

분류코드 : 홀수
(Y / N)

⑧ ㅊ8

분류코드 : 자음
(Y / N)

⑨ ㄱ3

분류코드 : 모음
(Y / N)

정답 ① N, ② Y, ③ N, ④ Y, ⑤ Y, ⑥ N, ⑦ Y, ⑧ Y, ⑨ N

5번 문제 도형 안에 쓰인 자음, 모음과 숫자와의 결합이 '분류코드'와 일치하면 Y를, 일치하지 않으면 N을 체크하시오.

(제한시간 : 22초)

① ㅜ6
분류코드 : 짝수
(Y / N)

② ㅠ2
분류코드 : 자음
(Y / N)

③ ㅁ8
분류코드 : 모음
(Y / N)

④ ㅣ2
분류코드 : 짝수
(Y / N)

⑤ ㅒ1
분류코드 : 홀수
(Y / N)

⑥ ㅅ9
분류코드 : 자음
(Y / N)

⑦ ㅂ4
분류코드 : 모음
(Y / N)

⑧ ㅁ7
분류코드 : 홀수
(Y / N)

⑨ ㅎ5
분류코드 : 모음
(Y / N)

정답 ① Y, ② N, ③ N, ④ Y, ⑤ Y, ⑥ Y, ⑦ N, ⑧ Y, ⑨ N

6번 문제

도형 안에 쓰인 자음, 모음과 숫자와의 결합이 '분류코드'와 일치하면 Y를, 일치하지 않으면 N을 체크하시오.

(제한시간 : 22초)

① ㅖ8

분류코드 : 자음
(Y / N)

② ㅈ1

분류코드 : 짝수
(Y / N)

③ ㅜ9

분류코드 : 홀수
(Y / N)

④ ㅁ3

분류코드 : 모음
(Y / N)

⑤ ㅗ7

분류코드 : 홀수
(Y / N)

⑥ ㄷ2

분류코드 : 자음
(Y / N)

⑦ ㅌ6

분류코드 : 모음
(Y / N)

⑧ ㅕ5

분류코드 : 홀수
(Y / N)

⑨ ㅍ5

분류코드 : 짝수
(Y / N)

정답 ① N, ② N, ③ Y, ④ N, ⑤ Y, ⑥ Y, ⑦ N, ⑧ Y, ⑨ N

☑ 유형분석 Card Pattern

유형예시) 주어지는 4장의 카드 조합을 통해 대한민국 국가대표 야구 경기의 승패 예측이 가능하다. 카드 무늬와 앞/뒷면의 상태를 바탕으로 승패를 예측하시오.

(문제당 제한시간 3초)

정답

공격력　　수비력　　컨디션　　조직력

패배

① 승리　　　　② 패배

Solution

계속해서 제시되는 카드 조합을 통해 정답의 패턴을 파악하는 유형이다. 온라인으로 진행되는 AI면접에서는 답을 선택하면 바로 정답인지 오답인지 여부를 확인할 수 있다. 이에 따라 하나씩 정답을 확인한 후, 몇 번의 시행착오 과정을 바탕으로 카드에 따른 패턴을 유추해 익혀나갈 수 있게 된다. 그렇기 때문에 초반에 제시되는 카드 조합의 정답을 맞히기는 어려우며, 앞서 얻은 정보들을 잘 기억해 두는 것이 핵심이다.

① 제시되는 카드 조합을 바탕으로 정답을 유추한다.
② 선택한 보기가 맞는지 오른쪽의 '정답'을 확인한다(오른쪽 정답 부분은 종이로 가려둔 상태에서 하나씩 확인한다).
③ 확인한 정답을 바탕으로 패턴을 유추해 나간다.

본 유형을 연습할 때에는 오른쪽 정답 부분은 종이로 가리고, 보기의 답을 체크한 후에 하나씩 정답을 확인하기 바란다. 정답을 확인한 문제의 개수가 늘어날수록 정답률은 점차 높아져야 한다.

주어지는 4장의 카드 조합을 통해 대한민국 국가대표 야구 경기의 승패 예측이 가능하다. 카드 무늬와 앞/뒷면의 상태를 바탕으로 승패를 예측하시오. [1~25]

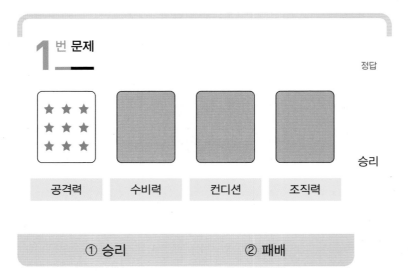

1번 문제

정답

| 공격력 | 수비력 | 컨디션 | 조직력 |

승리

| ① 승리 | ② 패배 |

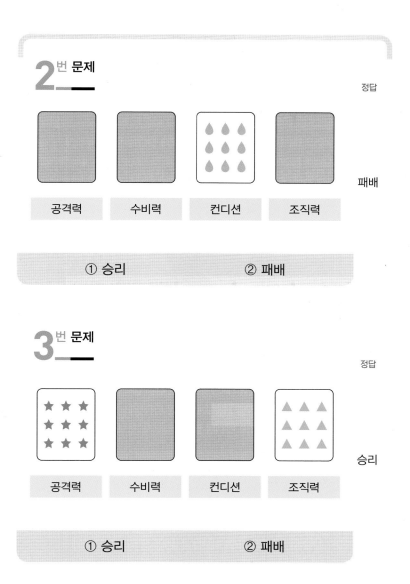

2^번 문제

정답

공격력	수비력	컨디션	조직력

패배

① 승리   ② 패배

3^번 문제

정답

공격력	수비력	컨디션	조직력

승리

① 승리   ② 패배

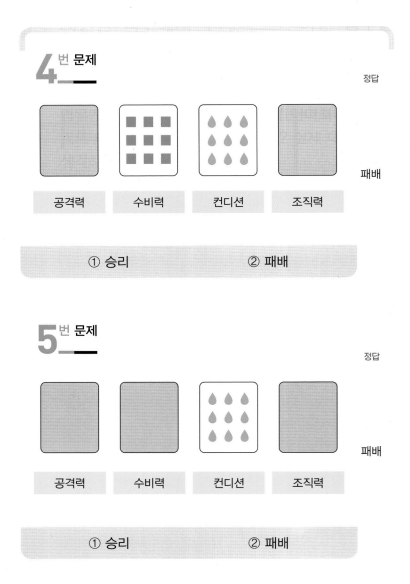

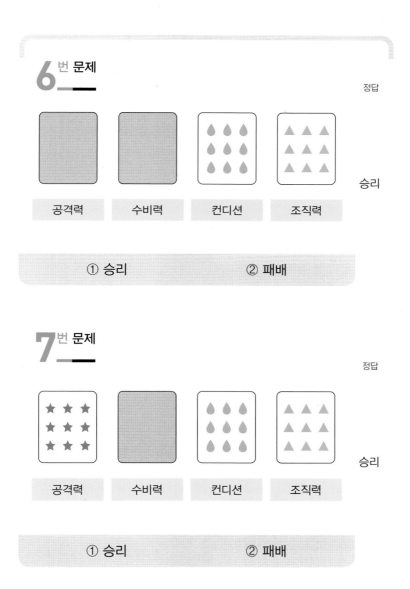

6번 문제

정답

공격력   수비력   컨디션   조직력

승리

① 승리   ② 패배

7번 문제

정답

공격력   수비력   컨디션   조직력

승리

① 승리   ② 패배

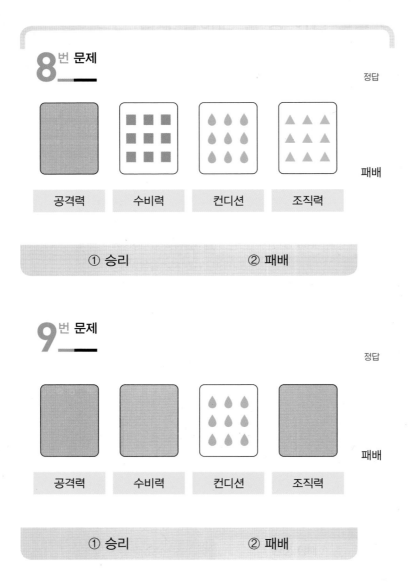

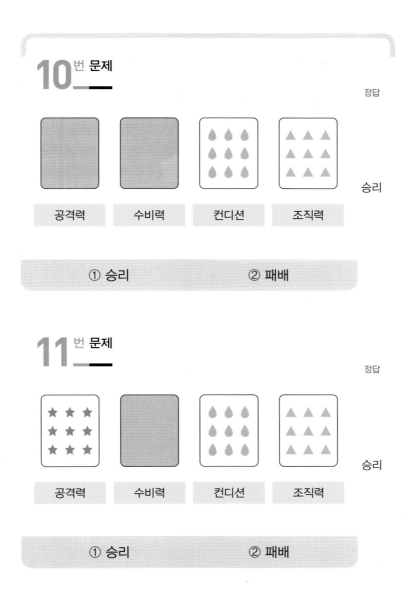

10번 문제

정답

| 공격력 | 수비력 | 컨디션 | 조직력 |

승리

① 승리   ② 패배

11번 문제

정답

| 공격력 | 수비력 | 컨디션 | 조직력 |

승리

① 승리   ② 패배

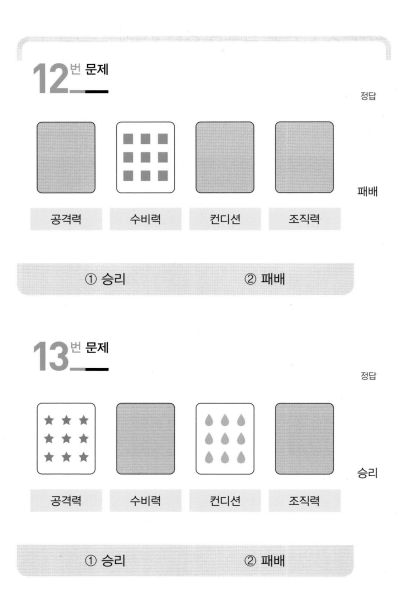

12^번 문제

정답

| 공격력 | 수비력 | 컨디션 | 조직력 |

패배

① 승리   ② 패배

13^번 문제

정답

| 공격력 | 수비력 | 컨디션 | 조직력 |

승리

① 승리   ② 패배

14^번 문제

정답

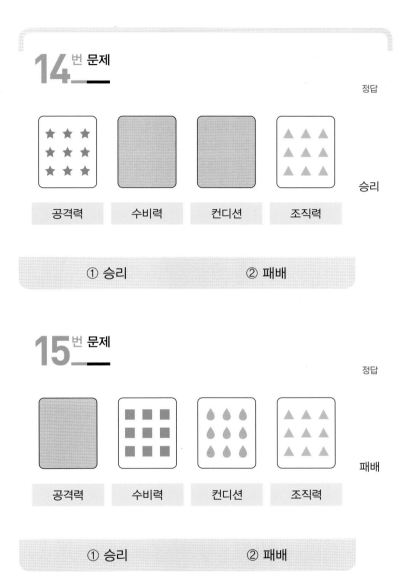

| 공격력 | 수비력 | 컨디션 | 조직력 |

승리

① 승리 　　　　② 패배

15^번 문제

정답

| 공격력 | 수비력 | 컨디션 | 조직력 |

패배

① 승리 　　　　② 패배

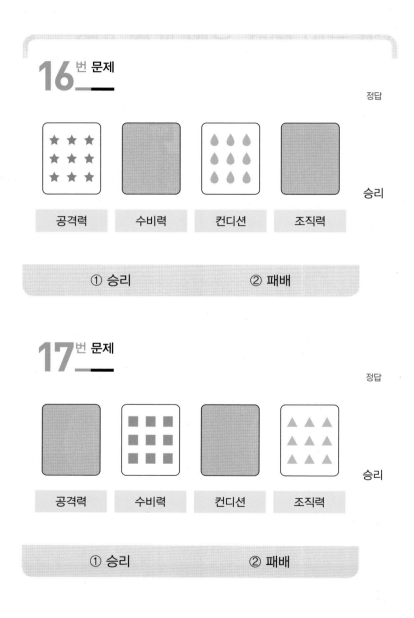

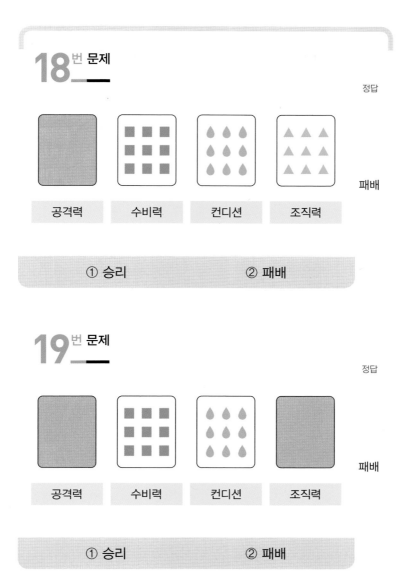

18^번 문제

정답

공격력	수비력	컨디션	조직력

패배

① 승리   ② 패배

19^번 문제

정답

공격력	수비력	컨디션	조직력

패배

① 승리   ② 패배

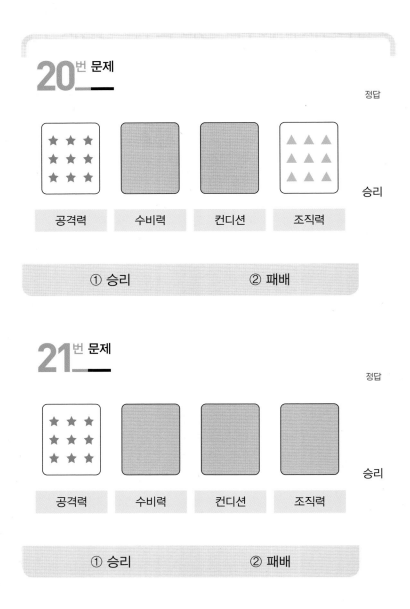

20번 문제

정답

| 공격력 | 수비력 | 컨디션 | 조직력 |

승리

① 승리　　　　　② 패배

21번 문제

정답

| 공격력 | 수비력 | 컨디션 | 조직력 |

승리

① 승리　　　　　② 패배

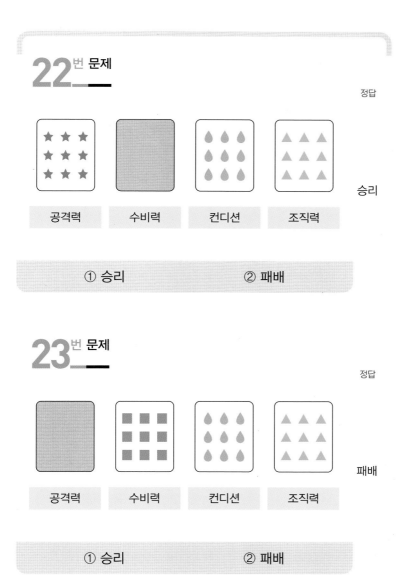

22^번 문제

정답

| 공격력 | 수비력 | 컨디션 | 조직력 |

승리

① 승리　　　　② 패배

23^번 문제

정답

| 공격력 | 수비력 | 컨디션 | 조직력 |

패배

① 승리　　　　② 패배

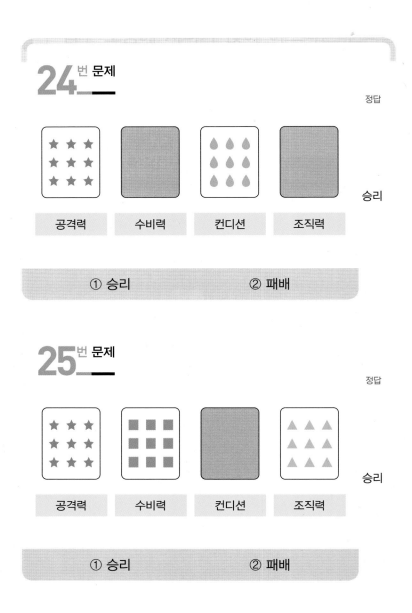

24번 문제

정답

공격력	수비력	컨디션	조직력

승리

① 승리   ② 패배

25번 문제

정답

공격력	수비력	컨디션	조직력

승리

① 승리   ② 패배

07 표정을 통한 감정 판단

Facial Judgement

유형예시) 주어지는 인물의 얼굴 표정을 보고 감정 상태를 판단하시오.

① 무표정   ② 기쁨   ③ 놀람   ④ 슬픔

⑤ 분노   ⑥ 경멸   ⑦ 공포   ⑧ 역겨움

Solution

제시된 인물의 얼굴 사진을 보고 어떤 감정 상태인지 판단하는 유형의 문제이다. 사진을 보고나서 5초 안에 정답을 선택해야 하므로 깊게 고민할 시간이 없다.

사실 해당 유형이 우리에게 완전히 낯설지는 않다. 우리는 일상생활을 하며 다양한 사람들을 마주하게 되고, 무의식적으로 상대방의 얼굴 표정을 통해 감정을 판단한다. 즉, 누구나 어느 정도의 연습이 되어 있는 상태이다. 사진을 보고 즉각적으로 드는 느낌이 정답일 확률이 높다. 따라서 해당 유형은 직관적으로 정답을 선택하는 것이 중요하다. 다만, 대다수의 지원자가 헷갈려 하는 표정이 존재하므로 이 부분은 이론 습득이 어느 정도 필요하다.

AI면접에서 제시되는 표정은 크게 8가지이다. 무표정, 기쁨, 놀람, 슬픔, 분노, 경멸, 두려움, 역겨움이 그것이다. 무표정, 기쁨, 놀람, 슬픔은 쉽게 인지가 가능하지만, 분노, 경멸, 두려움, 역겨움에 대한 감정은 표정에 비슷한 부분이 많아 혼동될 수 있다. 다음에 소개하는 감정별로 표정에서 드러나는 특징을 숙지하고 실전면접에 임하기 바란다.

※ 8가지 감정 상태별 표정의 특징

👉 쉽게 판단이 가능한 표정이다.
👉 얼굴근육에 변화가 없다.

무표정

☞ 입꼬리가 올라간다.

☞ 눈 끝에 잔주름이 생긴다.

☞ 입이 약간 벌어진다.

☞ 입과 눈이 함께 웃는다.

☞ 눈의 크기가 약간 작아진다.

기 쁨

☞ 눈이 세로로 커진다.

☞ 양 눈썹이 위로 올라간다.

☞ 이마에 가로로 된 주름이 잡힌다.

☞ 입이 벌어지며 O자형의 표정이
    된다.

놀 람

👉 입꼬리가 내려간다.
👉 눈썹의 끝이 내려가 八자 모양이
   된다.
👉 약간의 찡그림이 나타난다.

슬 픔

👉 눈썹머리가 밑으로 내려간다.
👉 윗눈꺼풀이 위로 올라간다.
👉 눈썹이 가운데로 몰린다.
👉 입술이 얇아진다.

분 노

경 멸

☞ 한쪽 입꼬리가 비대칭적으로
올라간다.
☞ 얼굴근육도 한쪽만 위로 올라
간다.

두려움

☞ 입술이 양옆으로 당겨지며 아
래로 쳐진다.
☞ 눈꺼풀 아래쪽이 긴장한다.
☞ 눈썹이 비틀어진다.

역겨움

☞ 미간과 콧잔등에 주름이 생긴다.

☞ 윗입술이 올라간다.

면접!
인성검사 더(+)하기

04

인성검사 모의연습

PART 4

인성검사 모의연습

☑ 인성검사 접근법

인적성 시험에서 시행되는 인성검사와 일치하는 유형이다. 정해진 시간 내에 본인의 가치관에 일치하는 정도를 빠르게 체크해나가는 것으로, 정답은 없기에 질문을 보고 생각나는 대로 솔직하게 답하도록 한다. 특히, AI면접의 경우 인성검사에서 체크한 내용이 기반이 되어 개인별 질문이 제시므로 솔직하게 대답하지 않을 경우 '신뢰도'에서 좋지 않은 평가를 받을 수도 있다. 인성검사의 핵심은 '솔직함'과 '일관성'이다.

※ 다음 지문을 읽고 ①~⑥ 중 자신에게 해당하는 것에 체크하시오(① 전혀 그렇지 않다, ② 그렇지 않다, ③ 그렇지 않은 편이다, ④ 약간 그렇다, ⑤ 그렇다, ⑥ 매우 그렇다).

160문항 / 제한시간 : 15분

번 호	질 문	응 답
		① ② ③ ④ ⑤ ⑥
1	열등감으로 자주 고민한다.	☐ ☐ ☐ ☐ ☐ ☐
2	보고 들은 것을 문장으로 옮기기를 좋아한다.	☐ ☐ ☐ ☐ ☐ ☐
3	남에게 뭔가 가르쳐주는 일이 좋다.	☐ ☐ ☐ ☐ ☐ ☐
4	많은 사람과 장시간 함께 있으면 피곤하다.	☐ ☐ ☐ ☐ ☐ ☐
5	엉뚱한 일을 하기 좋아하고 발상도 개성적이다.	☐ ☐ ☐ ☐ ☐ ☐
6	전표 계산 또는 장부 기입 같은 일을 싫증내지 않고 할 수 있다.	☐ ☐ ☐ ☐ ☐ ☐
7	책이나 신문을 열심히 읽는 편이다.	☐ ☐ ☐ ☐ ☐ ☐
8	신경이 예민한 편이며, 감수성도 예민하다.	☐ ☐ ☐ ☐ ☐ ☐
9	연회석에서 망설임 없이 노래를 부르거나 장기를 보이는 편이다.	☐ ☐ ☐ ☐ ☐ ☐
10	즐거운 캠프를 위해 계획 세우는 것을 좋아한다.	☐ ☐ ☐ ☐ ☐ ☐
11	데이터를 분류하거나 통계내는 일을 싫어하지는 않는다.	☐ ☐ ☐ ☐ ☐ ☐
12	드라마나 소설 속 등장인물의 생활과 사고방식에 흥미가 있다.	☐ ☐ ☐ ☐ ☐ ☐
13	자신의 미적 표현력을 살리면 상당히 좋은 작품이 나올 것 같다.	☐ ☐ ☐ ☐ ☐ ☐
14	화려한 것을 좋아하며 주위의 평판에 신경을 쓰는 편이다.	☐ ☐ ☐ ☐ ☐ ☐
15	여럿이서 여행할 기회가 있다면 즐겁게 참가한다.	☐ ☐ ☐ ☐ ☐ ☐
16	여행 소감문을 쓰는 것을 좋아한다.	☐ ☐ ☐ ☐ ☐ ☐

번 호	질 문	응 답 ① ② ③ ④ ⑤ ⑥
17	상품 전시회에서 상품설명을 한다면 잘할 수 있을 것 같다.	☐ ☐ ☐ ☐ ☐ ☐
18	변화가 적고 손이 많이 가는 일도 꾸준히 하는 편이다.	☐ ☐ ☐ ☐ ☐ ☐
19	신제품 홍보에 흥미가 있다.	☐ ☐ ☐ ☐ ☐ ☐
20	열차 시간표 한 페이지 정도라면 정확하게 옮겨 쓸 자신이 있다.	☐ ☐ ☐ ☐ ☐ ☐
21	자신의 장래에 대해 자주 생각해 본다.	☐ ☐ ☐ ☐ ☐ ☐
22	혼자 있는 것에 익숙하다.	☐ ☐ ☐ ☐ ☐ ☐
23	평소에 별 근심이 없다.	☐ ☐ ☐ ☐ ☐ ☐
24	나의 환경에 아주 만족한다.	☐ ☐ ☐ ☐ ☐ ☐
25	상품을 고를 때 디자인과 색에 신경을 많이 쓴다.	☐ ☐ ☐ ☐ ☐ ☐
26	극단이나 연기학원에서 공부해 보고 싶다는 생각을 한 적 있다.	☐ ☐ ☐ ☐ ☐ ☐
27	외출할 때 날씨가 좋지 않아도 그다지 신경을 쓰지 않는다.	☐ ☐ ☐ ☐ ☐ ☐
28	손님을 불러들이는 호객행위도 마음만 먹으면 할 수 있을 것 같다.	☐ ☐ ☐ ☐ ☐ ☐
29	신중하고 주의 깊은 편이다.	☐ ☐ ☐ ☐ ☐ ☐
30	하루 종일 책상 앞에 앉아 있어도 지루해 하지 않는 편이다.	☐ ☐ ☐ ☐ ☐ ☐
31	알기 쉽게 요점을 정리한 다음 남에게 잘 설명하는 편이다.	☐ ☐ ☐ ☐ ☐ ☐
32	생물 시간보다는 미술 시간에 흥미가 있다.	☐ ☐ ☐ ☐ ☐ ☐
33	남이 자신에게 상담을 해오는 경우가 많다.	☐ ☐ ☐ ☐ ☐ ☐
34	친목회나 송년회 등의 총무 역할을 좋아하는 편이다.	☐ ☐ ☐ ☐ ☐ ☐
35	실패하든 성공하든 그 원인을 꼭 분석한다.	☐ ☐ ☐ ☐ ☐ ☐
36	실내장식품이나 액세서리 등에 관심이 많다.	☐ ☐ ☐ ☐ ☐ ☐
37	남에게 보이기 좋아하고 지기 싫어하는 편이다.	☐ ☐ ☐ ☐ ☐ ☐
38	대자연 속에서 마음대로 몸을 움직이는 일이 좋다.	☐ ☐ ☐ ☐ ☐ ☐
39	파티나 모임에서 자연스럽게 돌아다니며 인사하는 성격이다.	☐ ☐ ☐ ☐ ☐ ☐
40	무슨 일에 쉽게 구애받는 편이며 장인의식도 강하다.	☐ ☐ ☐ ☐ ☐ ☐
41	우리나라 분재를 파리에서 파는 방법 따위를 생각하기 좋아한다.	☐ ☐ ☐ ☐ ☐ ☐

번 호	질 문	응 답 ① ② ③ ④ ⑤ ⑥
42	하루 종일 돌아다녀도 그다지 피곤을 느끼지 않는다.	☐ ☐ ☐ ☐ ☐ ☐
43	지시하는 것보다 명령에 따르는 것이 편하다.	☐ ☐ ☐ ☐ ☐ ☐
44	자동차나 모터보트 등의 운전에 흥미를 갖고 있다.	☐ ☐ ☐ ☐ ☐ ☐
45	유명 연예인의 인기 비결을 곧잘 생각해 본다.	☐ ☐ ☐ ☐ ☐ ☐
46	과자나 빵을 판매하는 일보다 만드는 일이 나에게 맞을 것 같다.	☐ ☐ ☐ ☐ ☐ ☐
47	대체로 걱정하거나 고민하지 않는다.	☐ ☐ ☐ ☐ ☐ ☐
48	비판적인 말을 들어도 쉽게 상처받지 않는다.	☐ ☐ ☐ ☐ ☐ ☐
49	초등학교 선생님보다는 등대지기가 더 재미있을 것 같다.	☐ ☐ ☐ ☐ ☐ ☐
50	남의 생일이나 명절 때 선물을 사러 다니는 일이 귀찮게 느껴진다.	☐ ☐ ☐ ☐ ☐ ☐
51	조심스러운 성격이라고 생각한다.	☐ ☐ ☐ ☐ ☐ ☐
52	사물을 신중하게 생각하는 편이다.	☐ ☐ ☐ ☐ ☐ ☐
53	동작이 기민한 편이다.	☐ ☐ ☐ ☐ ☐ ☐
54	포기하지 않고 노력하는 것이 중요하다.	☐ ☐ ☐ ☐ ☐ ☐
55	일주일의 예정을 세우는 것을 좋아한다.	☐ ☐ ☐ ☐ ☐ ☐
56	노력의 여하보다 결과가 중요하다.	☐ ☐ ☐ ☐ ☐ ☐
57	자기주장이 강하다.	☐ ☐ ☐ ☐ ☐ ☐
58	장래의 일을 생각하면 불안해질 때가 있다.	☐ ☐ ☐ ☐ ☐ ☐
59	소외감을 느낄 때가 있다.	☐ ☐ ☐ ☐ ☐ ☐
60	훌쩍 여행을 떠나고 싶을 때가 자주 있다.	☐ ☐ ☐ ☐ ☐ ☐
61	대인관계가 귀찮다고 느낄 때가 있다.	☐ ☐ ☐ ☐ ☐ ☐
62	자신의 권리를 주장하는 편이다.	☐ ☐ ☐ ☐ ☐ ☐
63	자신이 낙천가라고 생각한다.	☐ ☐ ☐ ☐ ☐ ☐
64	싸움을 한 적이 없다.	☐ ☐ ☐ ☐ ☐ ☐
65	자신의 의견을 상대에게 잘 주장하지 못한다.	☐ ☐ ☐ ☐ ☐ ☐
66	좀처럼 결단하지 못하는 경우가 있다.	☐ ☐ ☐ ☐ ☐ ☐

번호	질문	응답 ① ② ③ ④ ⑤ ⑥
67	하나의 취미를 오래 지속하는 편이다.	☐ ☐ ☐ ☐ ☐ ☐
68	한 번 시작한 일은 끝을 맺는다.	☐ ☐ ☐ ☐ ☐ ☐
69	행동으로 옮기기까지 시간이 걸린다.	☐ ☐ ☐ ☐ ☐ ☐
70	다른 사람들이 하지 못하는 일을 하고 싶다.	☐ ☐ ☐ ☐ ☐ ☐
71	해야 할 일은 신속하게 처리한다.	☐ ☐ ☐ ☐ ☐ ☐
72	병이 아닌지 걱정이 들 때가 있다.	☐ ☐ ☐ ☐ ☐ ☐
73	다른 사람의 충고를 기분 좋게 듣는 편이다.	☐ ☐ ☐ ☐ ☐ ☐
74	다른 사람에게 의존적이 될 때가 많다.	☐ ☐ ☐ ☐ ☐ ☐
75	타인에게 간섭받는 것은 싫다.	☐ ☐ ☐ ☐ ☐ ☐
76	자의식과잉이라는 생각이 들 때가 있다.	☐ ☐ ☐ ☐ ☐ ☐
77	수다 떠는 것을 좋아한다.	☐ ☐ ☐ ☐ ☐ ☐
78	잘못된 일을 한 적이 한 번도 없다.	☐ ☐ ☐ ☐ ☐ ☐
79	모르는 사람과 이야기하는 것은 용기가 필요하다.	☐ ☐ ☐ ☐ ☐ ☐
80	끙끙거리며 생각할 때가 있다.	☐ ☐ ☐ ☐ ☐ ☐
81	다른 사람에게 항상 움직이고 있다는 말을 듣는다.	☐ ☐ ☐ ☐ ☐ ☐
82	매사에 얽매인다.	☐ ☐ ☐ ☐ ☐ ☐
83	잘하지 못하는 게임은 하지 않으려고 한다.	☐ ☐ ☐ ☐ ☐ ☐
84	어떠한 일이 있어도 출세하고 싶다.	☐ ☐ ☐ ☐ ☐ ☐
85	막무가내라는 말을 들을 때가 많다.	☐ ☐ ☐ ☐ ☐ ☐
86	신경이 예민한 편이라고 생각한다.	☐ ☐ ☐ ☐ ☐ ☐
87	쉽게 침울해한다.	☐ ☐ ☐ ☐ ☐ ☐
88	쉽게 싫증을 내는 편이다.	☐ ☐ ☐ ☐ ☐ ☐
89	옆에 사람이 있으면 싫다.	☐ ☐ ☐ ☐ ☐ ☐
90	토론에서 이길 자신이 있다.	☐ ☐ ☐ ☐ ☐ ☐
91	친구들과 남의 이야기를 하는 것을 좋아한다.	☐ ☐ ☐ ☐ ☐ ☐

번 호	질 문	응 답 ① ② ③ ④ ⑤ ⑥
92	푸념을 한 적이 없다.	☐ ☐ ☐ ☐ ☐ ☐
93	남과 친해지려면 용기가 필요하다.	☐ ☐ ☐ ☐ ☐ ☐
94	통찰력이 있다고 생각한다.	☐ ☐ ☐ ☐ ☐ ☐
95	집에서 가만히 있으면 기분이 우울해진다.	☐ ☐ ☐ ☐ ☐ ☐
96	매사에 느긋하고 차분하게 대처한다.	☐ ☐ ☐ ☐ ☐ ☐
97	좋은 생각이 떠올라도 실행하기 전에 여러모로 검토한다.	☐ ☐ ☐ ☐ ☐ ☐
98	누구나 권력자를 동경하고 있다고 생각한다.	☐ ☐ ☐ ☐ ☐ ☐
99	몸으로 부딪혀 도전하는 편이다.	☐ ☐ ☐ ☐ ☐ ☐
100	당황하면 갑자기 땀이 나서 신경 쓰일 때가 있다.	☐ ☐ ☐ ☐ ☐ ☐
101	친구들은 나를 진지한 사람으로 생각하고 있다.	☐ ☐ ☐ ☐ ☐ ☐
102	감정적으로 될 때가 많다.	☐ ☐ ☐ ☐ ☐ ☐
103	다른 사람의 일에 관심이 없다.	☐ ☐ ☐ ☐ ☐ ☐
104	다른 사람으로부터 지적받는 것은 싫다.	☐ ☐ ☐ ☐ ☐ ☐
105	지루하면 마구 떠들고 싶어진다.	☐ ☐ ☐ ☐ ☐ ☐
106	부모님께 불평을 한 적이 한 번도 없다.	☐ ☐ ☐ ☐ ☐ ☐
107	내성적이라고 생각한다.	☐ ☐ ☐ ☐ ☐ ☐
108	돌다리도 두들겨 보고 건너는 타입이라고 생각한다.	☐ ☐ ☐ ☐ ☐ ☐
109	굳이 말하자면 시원시원한 성격이다.	☐ ☐ ☐ ☐ ☐ ☐
110	끈기가 강하다.	☐ ☐ ☐ ☐ ☐ ☐
111	전망을 세우고 행동할 때가 많다.	☐ ☐ ☐ ☐ ☐ ☐
112	일에는 결과가 중요하다고 생각한다.	☐ ☐ ☐ ☐ ☐ ☐
113	활력이 있다.	☐ ☐ ☐ ☐ ☐ ☐
114	항상 천재지변을 당하지 않을까 걱정하고 있다.	☐ ☐ ☐ ☐ ☐ ☐
115	때로는 후회할 때도 있다.	☐ ☐ ☐ ☐ ☐ ☐
116	다른 사람이 위해를 가할 것 같은 기분이 들 때가 있다.	☐ ☐ ☐ ☐ ☐ ☐

번호	질문	응답 ① ② ③ ④ ⑤ ⑥
117	진정으로 마음을 허락할 수 있는 사람은 없다.	☐ ☐ ☐ ☐ ☐ ☐
118	기다리는 것에 짜증내는 편이다.	☐ ☐ ☐ ☐ ☐ ☐
119	친구들로부터 줏대 없는 사람이라는 말을 듣는다.	☐ ☐ ☐ ☐ ☐ ☐
120	사물을 과장해서 말한 적은 없다.	☐ ☐ ☐ ☐ ☐ ☐
121	인간관계가 폐쇄적이라는 말을 듣는다.	☐ ☐ ☐ ☐ ☐ ☐
122	매사에 신중한 편이라고 생각한다.	☐ ☐ ☐ ☐ ☐ ☐
123	눈을 뜨면 바로 일어난다.	☐ ☐ ☐ ☐ ☐ ☐
124	난관에 봉착해도 포기하지 않고 열심히 해 본다.	☐ ☐ ☐ ☐ ☐ ☐
125	실행하기 전에 재확인할 때가 많다.	☐ ☐ ☐ ☐ ☐ ☐
126	리더로서 인정을 받고 싶다.	☐ ☐ ☐ ☐ ☐ ☐
127	어떤 일이 있어도 의욕을 가지고 열심히 하는 편이다.	☐ ☐ ☐ ☐ ☐ ☐
128	다른 사람의 감정에 민감하다.	☐ ☐ ☐ ☐ ☐ ☐
129	다른 사람들이 남을 배려하는 마음씨가 있다는 말을 한다.	☐ ☐ ☐ ☐ ☐ ☐
130	사소한 일로 우는 일이 많다.	☐ ☐ ☐ ☐ ☐ ☐
131	반대에 부딪혀도 자신의 의견을 바꾸는 일은 없다.	☐ ☐ ☐ ☐ ☐ ☐
132	누구와도 편하게 이야기할 수 있다.	☐ ☐ ☐ ☐ ☐ ☐
133	가만히 있지 못할 정도로 침착하지 못할 때가 있다.	☐ ☐ ☐ ☐ ☐ ☐
134	다른 사람을 싫어한 적은 한 번도 없다.	☐ ☐ ☐ ☐ ☐ ☐
135	그룹 내에서는 누군가의 주도하에 따라가는 경우가 많다.	☐ ☐ ☐ ☐ ☐ ☐
136	차분하다는 말을 듣는다.	☐ ☐ ☐ ☐ ☐ ☐
137	스포츠 선수가 되고 싶다고 생각한 적이 있다.	☐ ☐ ☐ ☐ ☐ ☐
138	모두가 싫증을 내는 일도 혼자서 열심히 한다.	☐ ☐ ☐ ☐ ☐ ☐
139	휴일은 세부적인 계획을 세우고 보낸다.	☐ ☐ ☐ ☐ ☐ ☐
140	완성된 것보다 미완성인 것에 흥미가 있다.	☐ ☐ ☐ ☐ ☐ ☐
141	잘하지 못하는 것이라도 자진해서 한다.	☐ ☐ ☐ ☐ ☐ ☐

번호	질문	응답 ① ② ③ ④ ⑤ ⑥
142	가만히 있지 못할 정도로 불안해질 때가 많다.	☐ ☐ ☐ ☐ ☐ ☐
143	자주 깊은 생각에 잠긴다.	☐ ☐ ☐ ☐ ☐ ☐
144	이유도 없이 다른 사람과 부딪힐 때가 있다.	☐ ☐ ☐ ☐ ☐ ☐
145	타인의 일에는 별로 관여하고 싶지 않다고 생각한다.	☐ ☐ ☐ ☐ ☐ ☐
146	무슨 일이든 자신을 가지고 행동한다.	☐ ☐ ☐ ☐ ☐ ☐
147	유명인과 서로 아는 사람이 되고 싶다.	☐ ☐ ☐ ☐ ☐ ☐
148	지금까지 후회를 한 적이 없다.	☐ ☐ ☐ ☐ ☐ ☐
149	의견이 다른 사람과는 어울리지 않는다.	☐ ☐ ☐ ☐ ☐ ☐
150	무슨 일이든 생각해 보지 않으면 만족하지 못한다.	☐ ☐ ☐ ☐ ☐ ☐
151	다소 무리를 하더라도 피로해지지 않는다.	☐ ☐ ☐ ☐ ☐ ☐
152	굳이 말하자면 장거리 주자에 어울린다고 생각한다.	☐ ☐ ☐ ☐ ☐ ☐
153	여행을 가기 전에는 세세한 계획을 세운다.	☐ ☐ ☐ ☐ ☐ ☐
154	능력을 살릴 수 있는 일을 하고 싶다.	☐ ☐ ☐ ☐ ☐ ☐
155	다소 산만한 편이라는 이야기를 자주 듣는다.	☐ ☐ ☐ ☐ ☐ ☐
156	남들보다 자존감이 낮은 편이다.	☐ ☐ ☐ ☐ ☐ ☐
157	자신을 쓸모없는 인간이라고 생각할 때가 있다.	☐ ☐ ☐ ☐ ☐ ☐
158	주위의 영향을 쉽게 받는다.	☐ ☐ ☐ ☐ ☐ ☐
159	지인을 발견해도 만나고 싶지 않을 때가 많다.	☐ ☐ ☐ ☐ ☐ ☐
160	다수의 반대가 있더라도 자신의 생각대로 행동한다.	☐ ☐ ☐ ☐ ☐ ☐

에필로그

취업준비생들을 보면 안타까운 생각이 많이 든다. 착실히, 그 누구보다 열심히 살아온 과거가 눈에 보이는 지원자들조차 취업시장에서 맥을 못 추고 있기 때문이다. 수백 대 일에서 수천 대 일까지 치열하다 못해 과도한 경쟁이 제 아무리 뛰어난 사람도 좌절을 맛볼 수밖에 없게 만든다. 사실 이는 개인의 문제가 아니다. 기형적 사회구조, 더딘 경제성장, 수요와 공급의 불일치 등 여러 가지 문제가 복합적으로 얽혀 있다.

그렇다면 이러한 사회적 현실을 개인이 극복하는 것은 불가능한 일일까? 통계가 그렇지 않음을 증명한다. 소수의 사람이 다수의 기업에 동시 다발적으로 합격하며 대다수는 단 하나의 기업에서도 합격통보를 받지 못한다. 취업시장은 승자독식의 세계이다. 기술을 터득하고 방법을 깨달은 자만이 살아남는다. 길은 존재한다. 하지만 여러분에게는 그 길을 찾기 위해 시행착오를 겪을 시간과 여유가 없다. 제대로 된 코칭을 받고 정확한 방법으로 단기간 내에 실력을 끌어올려야 한다.

AI면접의 등장으로 취업시장의 판도가 바뀔 것이다. 몇 년 이내에 모든 기업의 채용프로세스에 AI면접은 필수 관문으로 자리 잡을 것이다. AI가 지원자를 평가한다는 것은 객관성과 공정성을 담보한다는 긍정적인 면도 있지만, 지원자 입장에서는 준비해야 할 부분이 하나 더 늘어난 것이나 마찬가지이다. 더군다나 AI에 의한 채용시스템은 지원자들 입장에서 너무나도 생소할 것이다.

AI면접이라는 안개 속을 걷고 있는 여러분들을 위한 솔루션을 이미 제시하였다. 유형별 접근법과 답변을 자신의 것으로 만들고 실전처럼 연습하기 바란다. 단순히 책을 한번 읽는다고 되는 것이 아니다. 반복해서 읽고 모든 내용을 자신의 것으로 만들어야 한다. 그렇게 한다면 AI면접뿐만 아니라 대면면접에서의 경쟁력까지 갖출 수 있을 것이다.

여러분이 취업에 성공하는 시점에 '그때 이 책을 만난 것은 행운이었다.'라는 생각이 머릿속에 떠오르게 하는 것이 나의 목표이다. 끝으로 이러한 가치 있는 목표에 한걸음 다가갈 수 있도록 도움을 주신 사랑하는 Lee June과 가족, 그리고 출판담당자님께 감사의 말씀을 드린다.

여러분의 합격을 기원한다.

저자 설민준

저서에 담긴 내용 이외에도 지속적으로 정보를 제공하고, 소통할 예정입니다.
블로그 : https://blog.naver.com/jobcando
이메일 : jobcando@naver.com

부록 AI면접 기출문제

⟪!⟫상황 제시형 질문

👤 한국전력기술

• 친구가 중고거래에서 하자가 있는 물건을 사기 쳐서 판매했다고 자랑을 하고 있습니다. 이러한 상황에서 당신은 뭐라고 이야기하겠습니까?

• 당신에게 아주 오래 알고 지내온 친구가 있습니다. 이 친구는 만날 때마다 약속시간보다 늦는데 이번 약속에도 늦게 나온 친구에게 당신은 뭐라고 이야기하겠습니까?

👤 한국자산관리공사(캠코)

• 약속장소에서 친구를 기다리고 있는데, 약속시간을 지나 친구한테서 30분 정도 늦는다는 연락이 왔습니다. 이러한 상황에서 당신은 뭐라고 이야기하겠습니까?

• 평소 친하게 지내지 않은 친구에게 300만 원만 빌려달라는 연락이 왔습니다. 당신은 친구에게 뭐라고 이야기하겠습니까?

- 인기 있는 레스토랑에 들어가기 위해 줄을 서서 기다리고 있는데, 앞에서 어떤 아저씨가 새치기를 하는 걸 발견했습니다. 당신은 그 사람에게 뭐라고 말하겠습니까?

- 길을 지나가고 있는데 골목길 근처에서 한 고등학생이 당신을 가로막고서는 돈을 2배로 줄 테니, 담배를 사달라고 합니다. 이러한 상황에서 당신은 그 학생에게 뭐라고 이야기하겠습니까?

- 당신은 팀장의 지시에 따라 업무를 진행하고 있었는데, 업무를 진행하는 도중 이대로 일을 처리할 경우 회사에 막대한 손실이 발생할 수 있다는 것을 알게 되었습니다. 이러한 상황에서 당신은 팀장에게 뭐라고 이야기하겠습니까?

- 당신은 신입 부하직원이 어떤 일을 시키려 할 때 다른 일을 하고 있는 것처럼 꾸며 거절한다는 것을 알게 되었습니다. 이러한 상황에서 당신은 부하직원에게 어떻게 일을 하게 설득할 것입니까?

- 팀장이 너무 일을 많이 시키는 바람에 현재 팀 분위기는 냉랭하며, 팀장은 팀원들에게 눈총을 받고 있습니다. 이러한 상황에서 당신이 팀장과 이야기할 기회가 생겼다고 할 때, 뭐라고 이야기하겠습니까?

① 일동제약

- 당신은 친구와 함께 여행을 가기로 하였습니다. 그런데 당신은 쾌적하고 호화로운 숙소에 묵기를 원하고, 친구는 허름해도 값이 저렴한 숙소에 묵기를 원합니다. 이때 친구에게 뭐라고 이야기하겠습니까?

- 팀에서 회의를 진행하고 있는데, 회의를 하는 도중 한 팀원이 시답지 않은 농담을 계속 하고 있습니다. 이러한 상황에서 그 팀원에게 뭐라고 이야기하겠습니까?

- 당신은 팀원들과 장기프로젝트를 진행하고 있습니다. 마감 기한이 내일이라 바쁘게 일하고 있는 가운데 팀원이 정리한 보고서를 검토하다가 중요한 실수를 발견하였습니다. 이를 수정하려면 마감 기한을 지키지 못할 것 같을 때 상사에게 뭐라고 이야기하겠습니까?

- 당신은 점심시간에 손님이 많은 은행의 직원입니다. 점심시간에 찾아온 한 손님이 대기순서를 기다리지 못하고 항의를 해왔을 때 뭐라고 이야기하겠습니까?

- 해외출장을 다녀온 후 급하게 3일 이내에 해야 하는 업무를 받았습니다. 그러나 도저히 그 기간 내에 수행할 수 없다고 판단되었을 때 팀장님에게 뭐라고 이야기하겠습니까?

🔘 빙그레

- 당신은 마트에서 쇼핑을 하고 있습니다. 그러던 중 어떤 아주머니가 물건을 훔치는 것을 보게 되었습니다. 아주머니가 당신이 본 것을 알고 다가와 모르는 척 넘어가 달라고 말합니다. 이러한 상황에서 당신은 아주머니에게 뭐라고 이야기하겠습니까?

- 당신은 선생님입니다. 당신의 제자 중 성적이 좋지 못한 학생이 있는데, 어느 날 그 학생의 부모님과 면담을 하게 되었습니다. 학생의 부모는 학생이 원하는 학교에 갈 수 있을 것이라 생각하지만, 사실 그 학생의 성적으로 그 학교에 가기는 어렵다고 판단됩니다. 이러한 상황에서 당신은 학생의 부모님께 뭐라고 이야기하겠습니까?

🔘 한미약품

- 아침에 출근 준비를 하고 있는데, 옆집 사람이 찾아와 집에서 물이 새니 좀 도와달라고 요청하였습니다. 그런데 지금 출발하지 않으면 회사에 지각을 할 것이 분명할 때 당신은 뭐라고 이야기하겠습니까?

🔘 샘표

- 과장님은 중요한 발표를 앞두고 있는데, 그 발표 준비를 당신이 돕게 되었습니다. 발표시간이 얼마 남지 않은 때에 PPT 작성한 것을 점검하다가 인용문구가 잘못되어 있는 것을 발견하였습니다. 이러한 상황에서 과장님에게 뭐라고 이야기하겠습니까?

- 상사가 운전하는 차를 타고 출장을 가고 있습니다. 그런데 상사가 일찍 도착해야 한다며 과속을 하고 신호를 무시한 채 운전을 하고 있습니다. 이러한 상황에서 상사에게 뭐라고 이야기하겠습니까?

- 상사와 이야기를 하는 도중 개인 비용을 회사 공금으로 처리한 것을 당신에게 자랑하고 있습니다. 이러한 상황에서 당신은 상사에게 뭐라고 이야기하겠습니까?

- 사무실에서 업무를 처리하고 있는데 옆에 있는 동료가 시끄럽게 통화를 하고 있습니다. 다른 동료들을 보니 눈살을 찌푸리고 있는 게 보입니다. 이러한 상황에서 당신은 시끄럽게 통화하는 동료에게 뭐라고 이야기하겠습니까?

- 이성 친구 집에 처음으로 놀러가는 날입니다. 집에 갔더니 어머님이 직접 음식을 해주셔서 먹고 있는데, 해주신 음식이 정말 맛이 없습니다. 이러한 상황에서 당신은 어머님에게 뭐라고 이야기하겠습니까?

- 당신은 이번 신입사원 채용에 면접관으로 들어갔습니다. 면접에서 직접 채용한 직원이 같은 부서에서 근무하고 있는데, 직원이 면접 때 했던 말들과 다르게 일을 열심히 하지 않는 것을 자주 목격했습니다. 이러한 상황에서 당신은 그 직원에게 뭐라고 이야기하겠습니까?

- 당신은 다른 팀의 업무협조를 위해 다른 팀을 찾아가 담당자를 기다리고 있습니다. 그런데 그 담당자가 회사에서 까다롭고 무섭기로 소문난 직원이었습니다. 이러한 상황에서 당신은 첫 만남에 그 직원에게 뭐라고 이야기하겠습니까?

- 당신은 맥주회사 영업사원으로 근무하고 있는데, 이번 분기의 매출 하락이 예상되고 있습니다. 이때 고객사가 물량을 줄이겠다고 연락이 왔다면, 당신은 뭐라고 이야기하겠습니까?

- 당신은 한 달 전에 결혼을 했는데, 연락이 뜸해서 사이가 멀어졌다고 생각한 친구가 오랜만에 전화를 해서는 왜 자신에게 청첩장을 보내지 않았냐며 화를 내고 있습니다. 당신은 이러한 상황에서 친구에게 뭐라고 이야기하겠습니까?

- 당신은 영업부에서 근무하고 있는데, 현재 납품 단가가 크게 올라 물건 값을 올려야 하는 상황입니다. 그래서 거래처에 연락하여 사정을 말했더니 거래처에서는 이를 완강히 거부하고 있습니다. 당신은 이러한 상황에서 거래처에 뭐라고 이야기하겠습니까?

심층 구조화 질문

포스코인터내셔널

• 당신은 꾸준히 준비하고 있는 것이 있습니까?
  – 취업을 위해 꾸준히 준비한 것은 무엇입니까?
  – 그것이 취업에 어떤 도움이 된다고 생각하십니까?

JW그룹

• 당신은 새로운 시도를 하는 편입니까? 하지 않는 편입니까?
  – 새로운 시도를 하지 않는 편이라면, 과거로 돌아가 시도하고 싶은 일
    이 있습니까?

한국투자증권

• 현대사회에서 겸손이 미덕이라고 생각하십니까?
  – 자신감이 부족한 것과 겸손한 것의 차이는 무엇이라고 생각하십니까?

• 발표할 때의 긴장을 개인의 힘으로 극복할 수 있다고 생각하십니까?

- 당신은 직관적으로 판단하는 편입니까? 아니면 객관적인 자료에 의해 판단하는 편입니까?
  - 당신은 왜 직관적인 판단보다 객관적인 자료에 의해서 판단하는 것이 옳다고 생각합니까?
  - 판단을 내릴 객관적인 자료가 하나도 없는 상태라면, 당신은 어떻게 할 것입니까?

- 감정을 조절하는 것이 필요하다고 생각합니까?
  - 본인은 감정조절을 잘한다고 생각합니까?

- 팀장이 당신에게 납득할 수 없는 업무를 시켰을 때 어떻게 할 것입니까?
  - 그렇게 업무를 수행할 시 발생하게 될 긍정적인 효과와 부정적인 효과는 무엇입니까?

- 사람들과 활동할 때 그들의 행동 때문에 기분이 나빠지면 어떻게 할 것입니까?
  - 감정을 조절해야 하는 이유는 무엇이라고 생각합니까?

- 노력을 하면 이루어진다고 생각합니까?
  - 노력을 해서 이루어진 경험으로 무엇이 있습니까?

🔘 일동제약

- 성과를 내기 위해서 모험을 하는 편입니까? 하지 않는 편입니까?
  - 포기한 경험으로 무엇이 있습니까?

- 타인이 자신을 높은 사람으로 평가했으면 하고 생각하는 편입니까? 생각하지 않는 편입니까?
  - 자신을 높은 사람으로 평가받길 원하는 사람의 특징은 무엇이라고 생각하십니까?

- 주변 상황이나 여건이 좋지 않다고 불평불만을 하는 사람에 대해 어떻게 생각하십니까?
  - 그런 사람의 주변 상황이 나아진다고 했을 때, 불평불만을 하지 않을 것 같습니까?

🔘 국민은행

- 다른 사람과 비교했을 때 본인이 중요한 사람이라고 생각하는 분야가 있습니까?
  - 만약 본인이 중요하다고 생각하는 분야 말고 다른 일을 맡게 되었다면 어떻게 하겠습니까?

- 본인을 이유 없이 싫어하는 친구가 있습니다. 그 친구를 어떻게 대할 것입니까?
  - 만약 본인이 노력을 하는데도 친구가 계속 싫어한다면 어떻게 하겠습니까?

- 본인이 경험한 일 중 본인을 반성하게 한 일이 있습니까?
  - 그 일을 통해 무엇을 느꼈습니까?

- 혼자 있을 때 우울함을 느끼는 편입니까?
  - 우울한 친구에게 조언을 한다면 어떤 말을 하겠습니까?

- 사람들에게 감정을 잘 표현하는 편입니까?

- 상대방과 대화할 때 상대방의 의도 파악을 잘하는 편입니까?
  - 의도를 숨기는 상대방과는 어떤 방법으로 대화하십니까?
  - 상대방의 숨겨진 의도를 파악하는 당신만의 방법이 있습니까?
  - 실제로 그런 방법을 썼을 때 잘 통했습니까?

- 규칙적으로 했던 일이 있다면 어떤 일이었습니까?
  - 그 규칙적인 일이 삶에 어떤 영향을 미쳤습니까?

- 상황에 맞게 행동하는 게 중요하다고 생각하십니까?
  - 상황에 맞지 않는 행동을 하는 친구가 있다면 어떤 말을 하겠습니까?

- 주어진 일에 책임을 가지고 수행하는 것이 중요하다고 생각합니까?
  - 당신은 배경지식이 없어 하기 싫은 업무를 상사가 억지로 맡겼다면 어떻게 하시겠습니까?

채용담당자가 공개하는 AI면접 & AI역량검사 합격기술

개정2판1쇄 발행	2025년 02월 20일 (인쇄 2024년 12월 20일)
초 판 발 행	2019년 04월 05일 (인쇄 2019년 02월 15일)
발 행 인	박영일
책 임 편 집	이해욱
편 저	설민준
편 집 진 행	김재희
표 지 디 자 인	김도연
편 집 디 자 인	최혜윤 · 하한우
발 행 처	(주)시대고시기획
출 판 등 록	제 10-1521호
주 소	서울시 마포구 큰우물로 75 [도화동 538 성지 B/D] 9F
전 화	1600-3600
팩 스	02-701-8823
홈 페 이 지	www.sdedu.co.kr
I S B N	979-11-383-8461-2 (13320)
정 가	17,000원